Geronimos Pferdegeschichten

Lydia Albersmann

Geronimos Pferdegeschichten

Bibliografische Information der Deutschen Bibliothek:

Die Deutsche Bibliothek verzeichnet diese Publikation in der deutschen Nationalbibliografie; detaillierte bibliografische Daten sind im Internet über http://dnb.ddb.de abrufbar.

Impressum:

Herstellung und Verlag: Books on Demand GmbH, Norderstedt. ISBN: 978-3-8370-8101-5

Text, Illustration und Umschlaggestaltung:
Lydia Albersmann - www.lydia-albersmann.de

Inhaltsverzeichnis:

Vorwort	7
Paradiesische Zeiten	9
Sorge um Anke und Fidel	16
Auf Leben und Tod	20
Traumpferd zu verkaufen	29
Maddi	37
Ein Kampf mit Folgen	55
Schicksale und Krankengeschichten	65
Besuch in der Nacht	77
Ein Unglück kommt selten allein	91
Verwirrendes und Nachdenkliches	107
Abschied	116
Noch eine Bitte	123

Vorwort

Hallo Freunde!

Schön, dass ihr wieder da seid, um meine Geschichten zu lesen. In meinem ersten Buch hatte ich euch vom Tag meiner Geburt an darüber berichtet, wie ich die Welt entdeckte. Ich hatte euch darin auf eine kleine Reise durch verschiedene Reitweisen und Arten der Pferdehaltung mitgenommen und euch erzählt, was ich davon halte. Ich habe damals ja schon angedeutet, dass dies aber längst noch nicht alles war, was ich in meinem Leben erlebt habe. Und am Ende der Geschichte hatte ich euch versprochen:

„Vielleicht – aber natürlich nur wenn ihr wollt – schreibe ich die Geschichten noch einmal für euch auf."

Nun liebe Pferdefreunde, ihr wolltet. Das war ganz offensichtlich, denn ich habe viele, viele Briefe und E-Mails von kleinen und großen Pferdefans bekommen, in denen ich sehr nett gebeten wurde, doch mehr über mein Leben zu schreiben. Das hat mich natürlich sehr gefreut. Und wenn ich etwas verspreche, dann halte ich das auch, wie ihr seht. Dieses Buch schließt an mein erstes Buch an und ich hoffe, meine Geschichten werden euch auch dieses Mal wieder genau so viel Freude bereiten, wie die Geschichten in meinem ersten Buch „Geronimo – mit den Augen eines Pferdes", auch wenn dieses Buch ein klein wenig anders ist, als das erste Buch. Auch ich habe mich inzwischen etwas verändert: Das Apfelmuster in meinem Fell ist inzwischen fast ganz verschwunden und ich bin fast strahlend weiß geworden. Aber keine Sorge, ansonsten bin ich ganz der Alte geblieben – ein bisschen kess, aber herzensgut.

Widmen möchte ich diese Fortsetzung meiner Geschichte all jenen Fans, die sich die Mühe gemacht haben, mir zu schreiben. Ich widme sie all meinen Fans, die mich so nett um diese Fortsetzung gebeten haben. Ich hoffe, das klingt jetzt nicht zu dick aufgetragen und wird nicht falsch verstanden, denn es ist ehrlich gemeint und kommt von Herzen. Wenn also auch du mir einen dieser netten Leserbriefe geschrieben hast, dann ist dieses Buch auch dir – ja, genau DIR - gewidmet.

Paradiesische Zeiten

Wir waren wieder vereint. Mein bester Freund Fidel war wieder bei mir, und er hatte sich prächtig entwickelt. In der Zeit, in der wir getrennt waren und es ungewiss war, ob ich ihn je wieder sehen würde, hatte ich oft an ihn gedacht und mir viele Sorgen um ihn gemacht. Zu viele fellsträubende Geschichten hatte ich von anderen Pferden gehört und auch selbst erlebt. Ich hatte Sorge, mein kleiner Freund könnte an Besitzer geraten sein, die ihn überforderten oder quälten. So war ich überglücklich, als ich ihn wiedersah und feststellten konnte, dass es ihm mehr als gut ging. Man könnte nun darüber philosophieren, ob es nun ein glücklicher Zufall oder Schicksal war, dass seine Besitzerin sich ausgerechnet den Stall ausgesucht hatte, in dem auch ich stand. Aber, ob nun Schicksal oder Zufall, das war uns eigentlich egal. Hauptsache, wir waren wieder zusammen.

Fidel war kräftig geworden und nichts an ihm erinnerte mehr an das ängstliche Weichei, das er einst gewesen war. Glücklicherweise sind ihm die unangenehmen Erfahrungen, die ich in meiner Zeit bei Heike gemacht hatte, erspart geblieben. Und glücklicherweise ist ihm auch diese verrückte bärtige Frau erspart geblieben, die ihren kleinen, stinkenden Matschpaddock allen Ernstes mit der Wildnis vergleichen wollte. Ich bezweifele, dass sich mein kleiner Freund so gut entwickelt hätte, wenn er all diese schlechten Erfahrungen mit verrückten Menschen gemacht hätte. Immerhin war ich Geronimo - der Geronimo, der bereits im zarten Alter von 20 Tagen das gefährliche

Knistermonster besiegt und die Herde gerettet hatte! Ganz sicher erinnert ihr euch noch an die Geschichte, liebe Pferdefreunde.

So war es klar, dass einen wie mich nichts so leicht aus der Bahn werfen konnte. Weder diese Heike, die zwar alle Dressuraufgaben aber keinen Pferdeverstand im Kopf hatte, noch diese bärtige Westernlady, die glaubte, alles über Pferde zu wissen, aber ebenso wenig Pferdeverstand besaß, wie Heike – nur, dass sich das bei ihr auf eine ganz andere Wiese zeigte. Zugegeben, die Erfahrungen mit Heike und der Bärtigen waren unangenehm, und ich hätte gerne darauf verzichtet. Aber aus der Bahn werfen konnten sie einen furchtlosen Monsterzähmer wie mich nicht. Das wäre ja noch schöner!

Mein bester Freund Fidel dagegen war von Anfang an das ängstliche Weichei, das sich vor jeder neuen Situation vor lauter Angst in die nicht vorhandenen Hosen machte. Er nahm sich immer alles so sehr zu Herzen und ließ sich so leicht verunsichern. Nein, ich glaube er hätte diese verrückten zweibeinigen Wesen, denen ich begegnet war, nicht so gut verkraften können. Aber das musste er ja auch nicht. In Anke hatte er eine Besitzerin gefunden, die wirklich Verstand hatte! Auch wenn ich damals ganz schön sauer auf sie war, weil sie meinen Freund eines Tages einfach mitgenommen hatte - jetzt nahm ich ihr das nicht mehr übel. Anke hatte wirklich ganze Arbeit geleistet und Zwerg Fidel mit viel, viel Liebe und Geduld zu einem richtig tollen und mutigen Westernpferd ausgebildet. Dafür war ich ihr sehr dankbar. Und ich war sehr stolz auf meinen Freund.

So konnten wir nun gemeinsam mit unseren neuen Freunden, die wir inzwischen gefunden hatten, eine geradezu paradiesische Zeit erleben. Meine Besitzerin Jenny und Fidels Besitzerin Anke freundeten sich miteinander an und ritten oft gemeinsam aus. Es war fast wie in alten Zeiten, fast wie damals in unserem Heimatstall, wo wir geboren, aufgewachsen und eingeritten worden waren. Nur Sonja fehlte. Na ja, ich muss zugeben, ein kleines bisschen haben Fidel und ich der Freundschaft unserer Besitzerinnen auf die Sprünge geholfen. Den beiden fiel nämlich sofort auf, dass Fidel und mich von Beginn an eine sehr tiefe Freundschaft verband. Sie waren sehr überrascht, wie gut wir uns von Anfang an verstanden und wie vertraut wir miteinander umgingen. Nun, die Zweibeiner konnten ja nicht wissen, dass wir uns schon lange kannten und zusammen aufgewachsen waren. Sie hatten ja keine Ahnung, wie klein die Welt doch ist! Jedenfalls kamen sie schnell ins Gespräch, weil wir Pferde uns so gut verstanden. Und so wurden auch sie bald beste Freundinnen.

Meine Besitzerin Jenny konnte viel von Anke lernen, denn Anke hatte viel Erfahrung mit Pferden. Und Jenny brannte darauf, immer wieder etwas hinzuzulernen. Dass sich Jenny für die „klassische Reitweise“ entschieden hatte, während Anke das „Westernreiten“ bevorzugte, störte dabei nicht. Für beide stand im Vordergrund, dass es uns Pferden gut ging – ganz egal unter welchem Sattel. Und dafür taten sie auch wirklich alles. Ja, mein Freund Fidel und ich waren echte Glückspilze. Wir hatten wunderschöne Boxen mit kleinen Paddocks davor, durften täglich mit unseren Freunden auf die Weide und wurden liebevoll und fachgerecht versorgt. Unser Pferdglück war einfach perfekt. Es war fast sogar schon ein kleines bisschen zu schön, um wahr zu sein. Die Harmonie wurde nur ab und zu ein wenig gestört, wenn Jennys Bruder Tim im Stall auftauchte. Anfangs wusste ich ja gar nicht, dass Jenny überhaupt einen Bruder hatte, denn in den ersten Monaten hatte er sich nie im Stall blicken lassen. Er mochte keine Pferde, bezeichnete uns respektlos als „blöde Sauerbraten“, „Gäule“ oder „Klepper“. Meist aber bevorzugte er die uncharmante Bezeichnung „blöde Sauerbraten“.

Nun, ich nahm ihm das nicht einmal übel, denn wir Pferde durchschauen euch Zweibeiner ja oft viel besser, als ihr denkt. Und so bemerkte ich auch gleich: Es war gar keine echte Abneigung, die er gegen uns Pferde hatte, sondern er hatte einfach Angst vor uns. Ja, er war ein kleines Weichei! Genau so, wie Zwerg Fidel früher ein Weichei gewesen war. Der Unterschied ist nur: Wir Pferde haben keine Scheu zuzugeben, wenn wir Angst haben. Für Jungs, besonders für solche im Teenager-Alter, ist das aber ein großes Problem. Tim hatte also nicht nur Angst vor Pferden, sondern er hatte auch noch Angst das zuzugeben. Und darum tat er einfach so, als könnte er Pferde nicht leiden. Jenny fiel darauf herein, aber mir konnte Tim nichts vormachen.

Na ja, ihr kennt mich, Freunde – ich habe eben ein Herz für Weicheier. Also schloss ich Tim schnell ins Herz und nahm seine Beleidigungen auch nicht persönlich, sondern sah großzügig darüber hinweg. Und weil ich spürte, dass in diesem Jungen eigentlich ein sehr gutes Herz schlummerte, war ich besonders nett und freundlich zu ihm. Auf jede seiner Beleidigungen reagierte ich konsequent mit einem besonders freundlichen Gesicht und einer sanften Annäherung. Ich stupste ihn ganz sanft mit der Nase an und legte meinen Kopf ganz sanft auf seine Schulter, sah ihn dabei mit meinen großen dunklen Kopfaugen lieb und freundlich an. Gegen diese Geronimo-Charme-Offensive kam er einfach nicht an. Und so dauerte es auch nicht lange, bis er den Wunsch verspürte, selbst reiten zu lernen. Oh je, damit hatte ich was angefangen! Ich konnte ja nicht ahnen, dass zweibeinige Geschwister von Natur aus einen Hang haben, sich öfter mal zu streiten. Und wenn dann auch noch der Bruder plötzlich auf dem heiß und innig geliebten Pferd der Schwester – also mir – reiten lernen soll, dann kann das ganz schön für Zündstoff in der Geschwisterbeziehung sorgen. Ich kann euch sagen, da gab es manchmal ganz schön Streit! Jenny mochte sich nicht so recht damit abfinden, dass sie mich plötzlich mit ihrem Bruder teilen sollte. Sie ließ kein gutes Haar an seinen Reitkünsten und war dabei manchmal ziemlich ungerecht, denn Tim gab sich wirklich sehr viel Mühe. Ich trug sowohl die Streitereien, als auch die Fehler des neuen Reitschülers mit Fassung, denn ich spürte, wie sehr sich Tim bemühte und wie sehr er mich inzwischen mochte.

Zugegeben, es war nicht immer angenehm für mich, wenn Tim in den ersten Longe-Stunden so auf meinem Rücken herumhoppelte. Aber ich wusste, er meint es nicht böse und trug es mit Fassung. Dabei war ich stets darauf bedacht, ihn nicht zu verlieren. Ich hatte ja damals bei Heike gesehen, wie schnell man so einen Reiter auch mal verlieren konnte. Nun, Heike hatte das damals ganz recht geschehen. Um die war es nicht schade, denn sie war ja selbst daran schuld. Bei Tim aber gab ich acht, dass er auf meinem Rücken blieb. Er bemühte sich schließlich, und so war ich auch nett zu ihm. Jenny gefiel das weniger. Sie war ziemlich sauer auf ihren Bruder, weil er früher immer so viel über Pferde gelästert hatte, und sie sah es nicht ein, mich jetzt mit ihm teilen zu müssen. Oft flüsterte sie mir vor seinen Reitstunden schnell noch ins Ohr: „Wirf diesen Blödmann doch mal ab, damit er Angst kriegt! Dann sind wir ihn los und ich hab dich wieder für mich allein.“

Nein, bei allem Respekt liebe Jenny – es gibt Befehle, über die man sich als Pferd auch mal hinweg setzen muss! So entschied ich mich dazu, diesen Befehl meiner kleinen Besitzerin ausnahmsweise nicht zu befolgen. Stattdessen trug ich Tim geduldig und brav durch die Reitstunden. Wenn er mal das Gleichgewicht verlor und Gefahr lief, aus meinem Sattel zu rutschen, blieb ich sofort stehen und wartete geduldig ab, bis er wieder gerade im Sattel saß. Ich sah es als Ehrensache an, ihm ein gutes Lehrpferd zu sein und nahm diese Aufgabe sehr ernst. Das blieb auch Jennys Eltern und der netten Reitlehrerin nicht verborgen. Sie lobten immer wieder, wie brav ich doch sei, und waren sehr stolz auf mich. Ich war sicher, dass auch Jenny im Grunde genommen sehr stolz war, ein so braves Lehrpferd zu haben, auch wenn sie es niemals zugegeben hätte. Sie war ein bisschen eifersüchtig, weil ich auch Tim ganz gerne mochte. Zweibeiner sind eben so.

Abgesehen von diesen kleinen Streitereien zwischen Jenny und Tim war Zeit die auf dem gemütlichen Reiterhof dennoch herrlich. Alle Leute waren nett zu uns, das Futter war köstlich, der Stall sauber, gepflegt und perfekt an unsere Bedürfnisse angepasst. Die Stallbesitzerin und die Reitlehrerin machten sich gemeinsam immer wieder aufs Neue Gedanken darum, ob auch wirklich alles pferdegerecht war, oder ob man noch etwas verbessern könnte. Es ist ja nicht immer ganz leicht, die Wünsche der Reiter und Pferdebesitzer zu erfüllen, und gleichzeitig auch alle Pferdewünsche zu berücksichtigen. Aber in diesem Stall hatten die Zweibeiner das sehr gut im Griff. Es war ein kleines Pferde- und Reiterparadies, mitten in herrlicher Landschaft. Aber gerade weil hier alles so paradiesisch war, erschien mir das alles schon fast schon zu schön, um wahr zu sein. Ich kann noch nicht einmal genau sagen warum, und ich konnte auch nichts dagegen tun, aber nach und nach beschlich mich ein ungutes Gefühl. Das Gefühl, das es nicht immer so schön weiter gehen würde …

Sorge um Anke und Fidel

Meine böse Vorahnung sollte sich leider schneller bewahrheiten, als mir lieb war. Zunächst war es Fidels Besitzerin Anke, die uns Sorgen machte. Es fing ganz harmlos an, indem Anke ab und zu mal hustete. Nun, auch wir Pferde können uns trotz sorgfältiger Pflege mal einen Husten einfangen. Dann kommt der Tierarzt, wir bekommen Medikamente, und die Sache ist schnell erledigt. Je früher ein Husten bei Pferden behandelt wird, desto schneller ist er auch wieder verschwunden. Das hatte ich inzwischen gelernt.

Bei Anke allerdings schien dieser blöde Husten einfach nicht verschwinden zu wollen. Wir Pferde sorgten uns sehr um sie, denn keiner von uns hatte so etwas je erlebt. Und wir konnten nicht begreifen, warum es einfach nicht besser wurde. Im Gegenteil, es wurde sogar immer schlimmer. Wann immer Anke in den Stall kam, hustete sie fürchterlich. Manchmal wurde es so schlimm, dass sie ganz rot anlief und sogar ihr Atem ein schreckliches, pfeifendes Geräusch machte. Immer häufiger bekam sie so starke Atemnot, dass sie fluchtartig den Stall verlassen musste. Wir konnten dann beobachten, wie sie ein kleines Gerät in den Mund steckte, um ein Medikament daraus zu inhalieren. Für kurze Zeit ging es ihr danach meistens besser, aber der schreckliche Husten und die Atemnot kamen immer schneller wieder zurück. Immer öfter mussten Jenny und Tim Fidel mit versorgen und reiten, weil Anke einfach nicht konnte. Na ja - zumindest stritten Jenny und Tim an den Tagen nicht, an denen sie Fidel mit versorgen mussten.

Tim ritt dann Fidel, und ich stellte fest: Wenn jeder ein Pferd für sich hat, klappt es plötzlich auch wieder mit der Geschwisterliebe. Doch auch das war kein Trost für die Sorgen, die wir uns um Fidels Besitzerin machten. Und trotz ihrer schlimmen Hustenanfälle versuchte Anke immer wieder selbst für Fidel zu sorgen, wenn es irgendwie ging.

„Es ist Wahnsinn, was du machst“, hörte ich Jennys Eltern eines Tages zu Anke sagen. „Bei aller Tierliebe, mit allergischem Asthma ist nicht zu spaßen!“, warnten sie. Ihre Gesichter wirkten sehr ernst, und Anke stiegen Tränen in die Augen. „Ich weiß“, sagte Jennys Mutter mitfühlend, „es ist schwer, sich von einem geliebten Tier zu trennen und das Hobby aufzugeben. Aber die Gesundheit geht nun einmal vor.“

„Pferde sind mein Leben!“, widersprach Anke energisch, „ich kann das wegen einer blöden Pferdhaarallergie nicht aufgeben! Ich werde so lange durchhalten, bis man ein Medikament gefunden hat, das mir hilft. Es kann doch nicht sein, dass wir Menschen zum Mond fliegen, aber vor einer blöden Pferdehaarallergie kapitulieren müssen!“ Sie klang trotzig, aber auch unendlich traurig und verzweifelt. Ich war verwirrt und versuchte zu sortieren, was ich soeben gehört hatte. *„… Es ist schwer sich von einem geliebten Tier zu trennen und das Hobby aufzugeben …“* Sollte das etwa bedeuten …? Ich wagte es kaum, den Gedanken zu Ende zu bringen. Sollte das etwa heißen, Anke muss Fidel verkaufen? Sollte es bedeuten, dass wir nun schon wieder getrennt würden? Bedeutete es, dass Fidels Zukunft ungewiss war? Dass niemand ahnen konnte, ob er je wieder das Glück hätte, eine so nette Besitzerin zu finden, wie seine Anke? Mir wurde ganz übel bei diesen Gedanken. Ich wollte Fidel nicht schon wieder verlieren. Und ich fühlte mit Anke, die ihren Tränen jetzt freien Lauf ließ und abwechselnd von Hustenanfällen und heftigem Schluchzen geschüttelt wurde. Meine Gedanken und Gefühle fuhren Achterbahn.

An diesem Abend blieb der fröhliche Plausch aus, den wir Pferde gewöhnlich vor dem Einschlafen hielten. Alle Pferde waren sehr betroffen und fühlten mit Fidel und Anke, denn die Beiden waren hier sehr beliebt. Die ungewohnte Stille wirkte bedrückend, ja fast schon ein bisschen unheimlich. Alle Pferde waren tief in ihren Gedanken versunken. Ich glaube, jeder von uns dachte an diesem Abend auch daran, dass sich ganz plötzlich und unerwartet alles im Leben ändern kann. Von einem Tag auf den anderen. Einfach so. Und meistens geschieht das wohl ausgerechnet dann, wenn alles perfekt in Ordnung zu sein scheint.

„Hey Ronny!“ Es war Fidels Stimme, die meine düsteren Gedanken so plötzlich unterbrach. „Mach dir keine Sorgen“, tröstete er mich, „ich bin nicht mehr das kleine, ängstliche Weichei von einst. Wenn Anke mich wirklich verkaufen muss, und sich unsere Wege wieder trennen, dann ist das sehr traurig. Aber du musst dir keine Sorgen um mich machen, ich kann jetzt selbst auf mich aufpassen.“

Mein kleiner Fidel! *Er* war in einer fürchterlichen Situation, und dennoch war *er* es, der *mich* nun trösten musste! Ausgerechnet *mich,* den Herrn und Meister über das gefährliche Knistermonster. Und ausgerechnet Fidel, der sich von klein auf immer hinter mir versteckt hatte. Ausgerechnet er war es, der jetzt die Stärke zeigte, tröstende Worte zu sprechen. Ich schämte mich fast ein wenig dafür, war aber auch sehr stolz auf meinen Freund. Wer hätte gedacht, dass der Zwerg jemals so tapfer werden würde?

„Unsinn Zwerg, alles wird gut“, beeilte ich mich zu sagen. „Du hast doch gehört, was Anke gesagt hat. Sie denkt gar nicht daran, dich zu verkaufen. Die Menschen fliegen zum Mond und sonstwo hin, da werden sie wohl auch noch ein Medikament finden können, mit dem Anke diese blöde Pferdehaarallergie besiegen kann. Und solange wird sie noch durchhalten. Alles wird gut.“ Ich hoffte, ich würde damit Recht behalten, auch wenn ich selbst längst nicht so überzeugt war, wie ich klang.

In den folgenden Wochen änderte sich zunächst nicht viel. Obwohl der quälende Husten und die Atemnot Anke sichtlich zu schaffen machten, kümmerte sie sich ausgiebig um Fidel. Es schien fast, als wolle sie ihrer Allergie beweisen, dass sie stärker ist und den Kampf nicht aufgeben will. Einige der anderen Reiter fanden das sehr tapfer, andere hielten es für sehr leichtsinnig. Wir Pferde wollten nicht darüber urteilen, sondern hofften einfach nur, dass alles gut werden wurde. Wir hofften sehr, man würde irgendwo ein Medikament herholen, das Anke heilen konnte – unseretwegen auch vom Mond, ganz egal. So genossen wir jeden Tag, den wir gemeinsam auf der Wiese verbringen durften, und versuchten einfach nicht daran zu denken, was alles noch passieren könnte.

Auf Leben und Tod

Freunde, ihr wisst es sicher - ausreiten sollte man ja eigentlich grundsätzlich niemals alleine. Selbst dem bravsten Pferd und dem besten Reiter kann unterwegs mal etwas passieren. Und dann braucht man jemanden, der Hilfe holen kann. Das wusste natürlich auch Anke, und normalerweise hielt sie sich auch immer daran. - Normalerweise. An diesem Spätsommertag jedoch, hatte sie keine Lust sich eine Begleitung für den Ausritt zu suchen. Ich weiß bis heute nicht, wie Anke auf die leichtsinnige Idee kam, sich ganz allein mit Fidel auf den Weg zu machen, aber sie tat es. Ich habe keine Ahnung, was sich Anke dabei dachte, denn normalerweise war sie bis dahin ja immer recht vernünftig gewesen. Aber ihr wisst ja, die Zweibeiner geben uns öfter mal Rätsel auf …

Doch zurück zu diesem Tag, der alles ändern sollte: Ich stand mit den anderen Pferdekollegen auf der Wiese und wünschte Fidel noch viel Spaß für den Ausritt, bevor er mit Anke im Wald verschwand. Zu diesem Zeitpunkt ahnte ich nicht, dass es das letze Mal sein würde, wo ich Anke auf Fidels Rücken sitzen sah …

Mit meinem Freund, dem Westernpferd Sunny, graste ich gemütlich Nase an Nase, zwischendurch plauderten wir ein wenig. Ich weiß nicht mehr, wie viel Zeit so verging, bis ich plötzlich aus der Ferne das Geräusch eines galoppierenden Pferdes hörte. Auf dem von der Sonne ausgetrockneten Boden war das Hufgetrappel laut und deutlich zu hören, obwohl es noch weit entfernt war. Die Geschwindigkeit und der Ton des Hufgetrappels ließen uns schon erahnen, dass das Pferd ziemlich in Panik sein musste. Ruckartig schossen alle Pferdeköpfe in die Höhe, die Pferdeohren wurden gespitzt. Wir Pferde haben ja bekanntlich viel bessere Ohren, als ihr Menschen. Ihr könnt aus Geräuschen ja längst nicht so viele Informationen herausfiltern, wie wir Pferde es können. Und meine feinen Ohren erkannten sofort: Es war Fidel, der da in einem Affenzahn Richtung Stall galoppiert kam!

Unruhe machte sich auf der Wiese breit. Als Herdentiere sind wir instinktiv alle in Alarmbereitschaft, wenn wir merken, dass ein Pferd in Panik gerät. Und Fidels donnerndes Hufgetrappel, das jetzt noch von einem schrillen Wiehern begleitet wurde, ließ eindeutig Panik erkennen. Wir wieherten zurück, liefen aufgeregt auf unserer Wiese auf und ab, die Schweife hoch aufgestellt. Es schien eine kleine Ewigkeit zu dauern, bis Fidel endlich in Sichtweite kam – und das, obwohl er wirklich in einem atemberaubenden Tempo unterwegs war.

„Ich hab sie umgebracht! Ich hab sie umgebracht!“, rief Fidel atemlos. „Ich hab sie umgebracht!“ Wie versteinert standen wir da und starrten Fidel an. Seine Augen waren weit aufgerissen, seine Flanken bebten, sein Fell war schweißnass. Fidel war so sehr außer Atem, dass seine Zunge seitlich aus dem Maul hing und er hechelte wie ein Hund – etwas, das man bei Pferden äußerst selten sieht. Er taumelte vor Erschöpfung, als er an unserem Weidezaun stoppte.

„Beruhig dich Kumpel!“, befahl ich scharf. Ich wollte eigentlich gar nicht so böse klingen, aber ich hatte

Angst, Fidel würde jeden Moment tot umfallen. Der scharfe Befehlston schien mir die einzige Möglichkeit zu sein, meinen besten Freund von seiner Panik abzulenken. „Beruhig dich, und atme tief durch", wiederholte ich dann etwas sanfter. Fidel zitterte, sein Schweiß tropfte in kleinen Rinnsalen vom Bauch. Er war völlig fertig.

„Ich bin zuerst bei ihr geblieben und habe um Hilfe gewiehert", wimmerte Fidel, „aber es kam niemand zur Hilfe. Ich wusste nicht, was ich tun sollte, darum bin ich zurückgekommen."

„Was ist passiert?", fragte ich. Immer noch völlig außer Atem stammelte Fidel: „Wie ein Stein … wie ein Stein ist sie auf den Boden gefallen. Meine Anke … einfach so … Sie bewegt sich nicht mehr! Ich hab sie umgebracht! Ich habe meine Anke umgebracht!"

Ehrlich gesagt hatte ich immer noch nicht so ganz verstanden, was passiert war, aber mir war klar, dass jetzt sofort gehandelt werden musste. „Reiß dich zusammen!", befahl ich barsch, „du musst jetzt Hilfe holen!" Unser herrlicher, von vielen Wiesen umgebener Stall lag ziemlich abgelegen inmitten einer malerischen Landschaft. Die Wohnhäuser, und selbst das Wohnhaus der Stallbesitzerin, lagen ein ganzes Stück von unseren Wiesen entfernt. Wir mussten die Menschen auf uns aufmerksam machen, soviel stand fest.

„Okay – atme noch einmal tief durch, dann lauf wiehernd zu den Häusern, Kumpel! Lauf in den Hof und mach soviel Lärm, wie du nur kannst", riet ich Fidel. „Wir werden dir helfen, die Zweibeiner auf uns aufmerksam zu machen." Meinen Pferdekollegen musste ich nicht lange erklären, was zu tun war – sie begriffen sofort und rasten mit lautem Gewieher auf der Wiese umher. Die ganze Herde war in heller Aufregung und rannte hektisch durcheinander, wie ein Haufen aufgescheuchter Hühner – nur deutlich lauter.

„Was ist denn hier los?“ Unser Großalarm zeigte Wirkung. Die Reitlehrerin eilte herbei, um nachzusehen, warum wir so aufgeregt über die Wiese preschten. Fast hätte Fidel sie noch versehentlich über den Haufen gerannt, als er in den Innenhof des Reitstalles galoppierte. Aus den Wohnhäusern, die wir in der Ferne sehen konnten, steckten Menschen die Köpfe aus den Fenstern. Manche kamen auf die Straße gelaufen. Plötzlich kamen auch immer mehr Leute auf den Hof gelaufen. Wo die sich versteckt hatten, und woher sie so plötzlich kamen, war mir ein Rätsel.

„Mein Gott, es muss etwas Schlimmes passiert sein!“, erkannte die Reitlehrerin sofort. In Windeseile organisierte sie eine Suchaktion. Hektik breitete sich auf dem sonst so ruhigen und beschaulichen Hof aus. „Schnappt euch Fahrräder und Autos, sattelt die Pferde!“, rief die Stallbesitzerin. „Polizei und Krankenwagen habe ich schon informiert, aber wir müssen Anke zuerst finden. Nehmt eure Handys mit, damit wir uns verständigen können, wenn wir sie finden!“

Während sich die ersten Leute aus der Nachbarschaft schon mit Autos und Fahrrädern auf die Suche nach Anke machten, wurden wir Pferde in aller Eile von der Wiese gezerrt und schnell gesattelt. Es gab viele Wege im Wald, die auf dem Pferderücken deutlich schneller und besser zu erreichen waren, als mit Autos oder Fahrrädern. Jenny kümmerte sich um Fidel.

Er war so fertig, dass er nicht mit konnte. Zwar wusste nur er allein, wo Anke lag, aber die Reitlehrerin befürchtete, Fidels Kreislauf könne zusammenbrechen. Sie hatte den Tierarzt angerufen und gab Jenny noch schnell ein paar Anweisungen, wie sie Fidel bis zum Eintreffen des Tierarztes versorgen sollten. Dann schwang sie sich auf meinen Rücken. Als Reitlehrerin hatte sie eine gute Ausbildung in Erste Hilfe, darum war es sinnvoller, dass sie mich ritt, und sich meine Besitzerin inzwischen um den völlig erschöpften Fidel kümmerte.

„Okay – ausnahmsweise können wir auf das Aufwärmen verzichten, weil die Pferde sich ja schon auf der Wiese warmgelaufen haben“, entschied die Reitlehrerin und teilte flugs ein, wer in welche Richtung reiten sollte, um Anke zu suchen. Es war schon erstaunlich, in welcher Geschwindigkeit plötzlich ein ganzer Suchtrupp organisiert war, der nun in alle Richtungen ausschwärmte, als wären alle ein eingespieltes Team.

Während wir den Waldweg entlang galoppierten, fragte ich mich, was wohl passiert sein mochte. Ob Fidel sich erschrocken und Anke dabei versehentlich abgeworfen hatte? Ob sie gestürzt waren, und er sie unter seinem Gewicht begraben hatte? Zweibeiner sind ja bekanntlich recht zerbrechliche Wesen. Die halten einfach nix aus! Ob Anke tatsächlich … Fidel hatte gejammert er hätte sie umgebracht … Ob sie tatsächlich … tot war? Ich hoffte, Fidel möge in seiner Panik einfach nur übertrieben haben. So, wie er es früher schon immer getan hatte. Ich hatte den Gedanken noch nicht ganz zu Ende geführt, als ich plötzlich Ankes Geruch wahrnahm. Sie musste ganz in der

Nähe sein. Wir Pferde haben ja nicht nur ein feineres Gehör als ihr Zweibeiner, sondern auch einen wesentlich feineren Geruchssinn. (Kein Wunder, bei den kleinen Dingern, die ihr da mitten im Gesicht habt.)

Als wir um die nächste Kurve bogen, sah ich Anke schon reglos am Boden liegen. Ich spürte, wie meine Reiterin nervös wurde. „Oh nein!“, rief sie entsetzt. Dann ging alles ganz schnell: Während die Reitlehrerin von meinem Rücken sprang und Anke zur Hilfe eilte, telefonierte sie schon mit dem Notruf. Zweibeiner können ja manchmal erstaunlich viele Dinge gleichzeitig tun. Mike, der mit uns geritten war, hielt sein Pferd Sunny und mich fest, während er schon mit den anderen Suchenden telefonierte. Anke bewegte sich nicht, aber sie röchelte. Das hieß, sie lebte! Fidel hatte sie nicht umgebracht. Ich war erleichtert, auch wenn Anke nicht gerade gesund aussah.

„Was ist passiert?“, fragte die Reitlehrerin, während sie Ankes Puls fühlte. Doch Anke konnte nicht Antworten. Ihr Atem machte pfeifende Geräusche, sie rang nach Luft. Ihre Haut und ihre Lippen hatten eine seltsame Farbe. Sie sah ganz anders aus als sonst, fast schon ein bisschen gruselig.

„Geh mit den Pferden weiter weg!“, rief die Reitlehrerin herüber, „ich glaube, es ist wieder ihr allergisches Asthma!“ In diesem Moment sah ich etwas im Gras liegen. Ich hatte das seltsame kleine Gerät schon öfter gesehen, nämlich immer dann, wenn Anke einen Asthmaanfall bekommen hatte. Es war das kleine Gerät, das sie sich dann immer in den Mund steckte. Mike starrte voller Entsetzen zu Anke und der Reitlehrerin herüber. Er bemerkte das seltsame kleine

Gerät nicht. „Verdammt! Sie hat kein Inhalierspray dabei!“, rief die Reitlehrerin, während sie hektisch in Ankes Taschen kramte. Das kleine Gerät, das vor uns im Gras des Wegrandes lag, roch nach Anke. Ich wollte es näher untersuchen, doch Mike begriff nicht. Er verstand einfach nicht, was für eine wichtige Entdeckung ich dort im Gras gemacht hatte. Ich reckte den Hals und konnte das rettende kleine Ding fast schon mit der Nase berühren, doch Mike hielt mich fest. Dass diese zweibeinigen Wesen aber auch immer so verflixt stur sein müssen!

„Verdammt, Ronny!“ schimpfte Mike, „jetzt hör doch mal auf zu zappeln!“ Er wirkte genervt. Warum um alles in der Welt, sind Zweibeiner eigentlich oft so begriffsstutzig? Ich konnte es nicht fassen! Noch einmal versuchte ich das kleine Gerät zu beschnuppern, aber Mike gab meinen Zügel nicht nach. Okay, dann muss ich wohl deutlicher werden!, dachte ich verärgert. Ich holte Schwung und warf meinen Kopf mit einem so heftigen Ruck herum, dass Mike sein

Gleichgewicht verlor und unsanft auf seinen Knien im Gras landete. Er wollte gerade wieder mit mir schimpfen, als er das kleine Gerät im Gras erblickte.

„Ich hab es gefunden!“, rief Mike. Er klang aufgeregt. „Hier ist das Spray! Anke muss es hier verloren haben, als sie den Asthmaanfall bekam!“ Na endlich, du Blitzmerker!, dachte ich nur und schnaubte zufrieden. Später behauptete Mike, es sei nur einem Zufall zu verdanken gewesen, dass er das Inhalierspray gerade noch rechtzeitig gefunden hatte. Pah! *Zufall!* Von wegen Zufall! Für mich war es mal wieder verflixt harte Arbeit, einem begriffsstutzigen Zweibeiner klarzumachen, dass hier etwas sehr Wichtiges direkt vor seiner Nase lag. Ohne mich hätte er das rettende Ding doch nie gefunden! Und nun bezeichnete er das als *Zufall*!

Aber was soll´s, wir Pferde sind ja nicht nachtragend. Die Hauptsache war, dass Anke gerettet werden konnte. Aber es war wirklich eine Rettung in letzter Minute. Anke konnte auch nicht gleich mit uns zurück zum Stall, sie wurde auf eine Liege geschnallt und in einen Krankenwagen getragen. Zu meiner Überraschung waren es Zweibeiner, die Anke in den Wagen trugen. Bis dahin hatte ich immer gedacht, nur Pferde tragen Menschen. Mit diesem Krankenwagen, in den man sie getragen hatte, wurde Anke dann auch abtransportiert. Wie ich später erfuhr, traf Fidel keinerlei Schuld. Anke hatte beim Ausritt wohl wieder einen heftigen Asthmaanfall bekommen. Und als sie ihr Inhalierspray benutzen wollte, fiel es ihr aus der Hand. Sie hatte es einfach nicht mehr geschafft, rechtzeitig dranzukommen. Ihre verflixte Pferdehaarallergie allein war schuld daran, dass sie bewusstlos wurde und aus dem Sattel rutschte. Der arme Fidel konnte gar nichts dafür. Er hatte nichts falsch gemacht und hätte das Unglück auch nicht verhindern können.

Es dauerte allerdings eine ganze Weile, bis ich meinem kleinen Freund Fidel das später im Stall klarmachen konnte. Der arme Kerl war immer noch völlig aufgelöst, als wir zum Stall zurückkehrten. Zunächst musste ich ihm klarmachen, dass er Anke nicht umgebracht hatte und sie noch lebte. Dann musste ich ihn noch davon überzeugen, dass er wirklich keinerlei Schuld an der Sache trug – ein hartes Stück Arbeit, denn immer noch plagten ihn Schuldgefühle. Ich versuchte Fidel zu trösten, indem ich ihm immer wieder erklärte, dass er eigentlich genau richtig gehandelt, und seine Besitzerin damit gerettet hatte. Wäre er nicht so schnell zum Stall zurückgekommen, und hätten wir Anke nicht rechtzeitig gefunden, hätte die Sache ganz böse ausgehen können. Fidel hatte alles richtig gemacht. Doch es kostete mich meine ganze Überzeugungskunst, ihm das klarzumachen.

Und so sehr ich meinen Freund auch zu beruhigen versuchte – ich wusste, dass sich nun bald wirklich etwas ändern würde. So konnte es mit Anke und ihm nicht weitergehen, das war klar. Auch wenn Fidel gar nichts dafür konnte – Anke war in eine lebensgefährliche Situation geraten, und das durfte nicht noch einmal passieren.

Traumpferd zu verkaufen

Als Anke einige Tage später aus dem Krankenhaus kam, konnte ich zufällig ein Gespräch belauschen. „Ich wollte es nicht einsehen“, sagte Anke traurig, „aber ich werde mich wohl wirklich von Fidel trennen müssen. Die Pferdehaarallergie wird immer schlimmer, es hilft einfach nichts dagegen. Ich werde wohl für immer Abstand zu Pferden halten müssen“. Ihre Stimme klang verzerrt. So verzerrt, wie sie immer bei den Zweibeinern klingt, die tapfer mit den Tränen kämpfen. Jennys Mutter nahm Anke in den Arm.

„Ich habe schon Annoncen aufgegeben“, erklärte Anke schluchzend weiter, „eine Kopie davon hänge ich hier ans Schwarze Brett. Vielleicht kennt ja jemand einen, der Interesse an Fidel hat“. Ihr Schluchzen wurde heftiger, und sie strich Fidel traurig über den Kopf. Dann bekam sie wieder so starke Atemnot, dass Jennys Mutter sie aus dem Stall bringen musste. Fidel und ich blieben allein zurück. Ich hatte es ja schon lange geahnt, aber jetzt, wo wir von Anke selbst gehört hatten, dass sie Fidel verkaufen musste, war es trotzdem ein Schock für uns.

Später, als Jenny mich über die Stallgasse hinaus auf den Reitplatz führte, sah ich den Zettel, der am Schwarzen Brett auf der Stallgasse hing: „Traumpferd zu verkaufen“, stand dort in großen Buchstaben geschrieben. Dazu eine Beschreibung und ein Foto von meinem besten Freund Fidel.

Ja, Fidel war ein Traumpferd. Und ich wünschte ihm von ganzem Herzen, dass er ebenso traumhafte Besitzer finden mochte. Ich hoffte, dass er nach seinem Verkauf keinen Albtraum erleben musste. Zu viel hatte ich schon von den anderen Pferdekollegen gehört, und zu viel hatte ich schon selbst erlebt.

Die nächsten Wochen ließen jedoch ernsthafte Zweifel darüber aufkommen, dass Fidel jemals einen vernünftigen Besitzer finden würde. Es verging kaum ein Tag, an dem nicht irgendwelche Interessenten kamen, um Fidel auszuprobieren. *Ausprobieren!* – Wie das schon klingt! Ganz so, als wolle sich der Zweibeiner ein neues Fahrrad oder ein neues Auto kaufen! Na ja, für manche dieser Interessenten wäre das wohl auch besser gewesen. Einige mäkelten an Fidel herum, versuchten ihn mit aller Gewalt schlecht zu reden. Wie ich später aus einem Gespräch zwischen Anke und Jenny erfuhr, machen manche Zweibeiner sowas wohl, weil sie Geld sparen wollen. Sie versuchen dann dem Pferd möglichst viele Fehler anzudichten, um so einen niedrigeren Preis auszuhandeln. Zum Glück durchschaute Anke diese miesen Tricks. Es ging ihr nicht ums Geld – besonders netten Leuten, hätte sie Fidel gerne billiger verkauft. Aber Leute, die ihn schlecht machen wollten, hatten bei ihr keine Chance. Ein besonders unverschämtes Exemplar dieser Art warf Anke kurzerhand aus dem Stall. Es ist wirklich nicht leicht vernünftige Besitzer für ein Pferd zu finden, das kann ich euch sagen!

Manche Interessenten waren zwar sehr nett, kannten sich aber eigentlich noch viel zu wenig mit Pferden aus, um selbst schon Pferdebesitzer zu werden. Auch denen wollte Anke ihren Fidel nicht verkaufen. Wenn man ein Pferd kauft, übernimmt man eine große Verantwortung, denn wir Pferde sind unseren Besitzern ja gewissermaßen ausgeliefert. Wer sich dieser Verantwortung nicht bewusst war, hatte bei Anke ebenso wenige Chancen wie solche Reiter, die grob mit Fidel umgingen, oder einfach noch nicht gut genug reiten konnten. Ich war sehr froh darüber, dass Anke so wählerisch war und ihn wirklich nur an Leute verkaufen wollte, die nett zu ihm waren und etwas von Pferden verstanden. Allerdings hatte die Sache auch einen Nachteil: Je mehr Leute kamen und ihn „ausprobierten", desto unsicherer wurde Fidel. Er hatte sich bei Anke zu einem mutigen und selbstsicheren Pferd entwickelt, weil er Anke vertraute. Bis dahin war es ein langer Weg gewesen. Anke hatte viel Zeit und Geduld investiert, um sein Vertrauen zu gewinnen und ihm – dem ehemaligen Weichei – sein Selbstvertrauen zu geben.

Fidel war nun mal nicht der Typ, der schnell Vertrauen fasste. Er war nicht so unerschrocken wie ich. Schon damals, als wir noch auf krummen Fohlenbeinen über die Wiese gewackelt sind, war Fidel ganz anders als ich. Absolut liebenswert, aber eben anders. Er hatte schon immer etwas länger gebraucht – egal worum es ging. Diese vielen verschiedenen Leute, die ihn jetzt begutachteten und ritten, verunsicherten ihn. Mit großer Sorge beobachtete ich, wie er von Tag zu Tag ein wenig nervöser und schreckhafter wurde. Er war auf dem besten Wege, sich langsam aber sicher wieder zum Weichei zu entwickeln. Auch Anke nahm das besorgt zur Kenntnis.

„Als wäre es nicht schon schlimm genug, dass ich mich überhaupt von ihm trennen muss", sagte sie eines Tages traurig, „wenn das so weiter geht, werde ich auch nie vernünftige Besitzer für ihn finden."

Ankes Sorge schien mir nicht unbegründet. Auch ich hatte diese Gedanken, die ich Fidel gegenüber allerdings nie äußerte. Im Gegenteil – ich versuchte meinem kleinen Freund stets Mut zu machen und gab mir alle Mühe, Optimismus zu verbreiten. Doch Fidel ließ sich nicht überzeugen. Die letzten Wochen hatten ihm arg zugesetzt. Nur wenn Jennys Bruder Tim ihn zwischendurch mal ritt, konnte Fidel sich wieder ein wenig entspannen. Obwohl Tim längst noch kein perfekter Reiter war, gab er Fidel doch eine gewisse Sicherheit – weil er ihm einfach vertraut war. Wäre Fidel auch bei seinen Kaufinteressenten so ruhig und gelassen gegangen wie bei Tim, hätte er sicher bessere Chancen gehabt neue Besitzer zu finden. Aber klein Fidel konnte einfach nicht über seinen eigenen Schatten springen. Fremde Leute verunsicherten ihn – selbst wenn sie nett waren.

„Das ist kein Traumpferd, das ist ein Albtraum!", schimpfte eines Tages eine Frau, die ihn ausprobieren wollte. Sie hatte Fidel in der Reithalle geritten, und zunächst sah es eigentlich ganz gut aus. Als dann aber die Sonne hinter den Wolken hervorkam, und der Sonnenstrahl einen hellen Fleck auf den Reithallenboden warf, erschrak Fidel so heftig, dass er einen Haken schlug und seine Reiterin damit fast aus dem Sattel katapultierte. Es war nicht der erste Vorfall dieser Art. Mal war es ein Geräusch, mal ein Sonnenstrahl, mal ein Blatt. Fidel war einfach wieder so nervös, dass er vor jeder Kleinigkeit erschrak. Und je mehr er sich bemühte dagegen anzukämpfen, desto schlimmer wurde es.

„Du Ronny“, fragte er eines abends, „was passiert eigentlich, wenn mich niemand kauft?“ Die Frage traf mich an einem wunden Punkt. Ich wollte es nicht zugeben, aber auch ich hatte mir schon Gedanken darüber gemacht. Schließlich stand inzwischen fest, dass Anke ihn keinesfalls behalten konnte. Und bisher sah es nicht so aus, als würde sich jemand finden, der Fidel genau so gut verstehen und so sehr lieben würden, wie seine Anke.

„Natürlich kauft dich jemand“, beeilte ich mich zu sagen, „du bist ein Traumpferd! Anke wird so lange warten, bis endlich Leute kommen, die das erkennen und zu schätzen wissen.“

Ich wünschte, ich wäre selbst so überzeugt davon gewesen, wie ich klang. Leider war ich das nicht, aber zumindest gelang es mir, Fidels Bedenken zu zerstreuen. Und das war im Moment die Hauptsache.

„Das ist ja großartig!“ Ankes Stimme überschlug sich fast vor Aufregung. Ich steckte meinen Kopf um die Ecke und sah, wie Anke mit Jenny, Tim und deren Eltern auf den Stall zukam. Sie unterhielten sich angeregt. „Wir finden auf jeden Fall eine Lösung. Ihr kriegt ihn auch so, es geht mir ja nicht ums Geld“, hörte ich Anke sagen. Ich spitzte die Ohren, denn ich war neugierig geworden, was Anke so sehr in Aufregung versetzte. Ob sie einen Käufer für Fidel gefunden hatte? Ob einer von den vielen Leuten, die Fidel in den letzten Wochen ausprobiert hatten ihm nun doch noch eine Chance geben wollte? Ich war so gespannt, welche Neuigkeit es war, die Anke in solche Aufregung versetzte! Zu meiner Enttäuschung kamen sie jedoch nicht zu uns in den Stall, sondern verschwanden alle gemeinsam im Reiterstübchen. So ein Ärger! Im Reiterstübchen hatten nur Zweibeiner Zutritt, ich konnte ihr Gespräch also nicht belauschen. Und - so fein mein Gehör auch war – die dicken Betonmauern des Reiterstübchens fingen die Worte der Zweibeiner ab. So sehr ich auch die Ohren spitzte - mehr als ein ganz leises, dumpfes Stimmengewirr war nicht zu hören. Unruhig lief ich zwischen meinem kleinen Paddock und meiner Box hin und her. Warum um alles in der Welt dauerte das denn so lange? Es gab Neuigkeiten, soviel stand fest. Und ich war mir sicher, dass es um Fidel gehen musste. Aber, was genau war ihr Plan? Die Zeit schien sich endlos lange hinzuziehen.

Eine Ewigkeit schien vergangen zu sein, als sie endlich alle gemeinsam in den Stall kamen. Zuerst kam Anke um die Ecke. Sie lächelte, doch gleichzeitig weinte sie. Was hatte das nun wieder zu bedeuten? Verstehe einer diese komischen Zweibeiner!

Jenny, Tim und ihre Eltern strahlten. Ich beobachtete sie scharf, doch keiner von ihnen hatte Tränen in den Augen. Nur Anke. Vor unseren Boxen bleiben sie stehen, keiner sagte ein Wort. Ich hielt die Anspannung kaum noch aus. „Hallo, kann mir mal jemand sagen, was hier läuft?“, hätte ich am liebsten gerufen, aber sie hätten mich ja ohnehin nicht gehört. Zweibeiner hören nur unser Wiehern und unser Schnauben. Was wir ihnen sonst zu erzählen haben, können sie nicht verstehen. Ob wir flüstern oder schreien – sie hören es einfach nicht! Na ja, wie denn auch mit diesen kleinen Dingern, die sie Ohren nennen. Die können sie ja nicht einmal drehen!

„Na, dann hol mal dein Pferd aus dem Stall“, sagte Jennys Vater aufmunternd. Sein Blick war dabei auf Tim gerichtet. Tim sah seinen Vater mit großen Augen an. „Nun hat auch endlich die Streiterei um Ronny ein Ende“, freute sich Jennys Mutter. Die Gedanken rasten durch meinen Kopf. Moment Mal! Was war denn hier los? Bedeutete das … Ankes Stimme unterbrach meinen Gedanken: „Ich bin so froh“, sagte sie, begann aber gleichzeitig heftig zu schluchzen. Ich war verwirrt. Was hatte das alles zu bedeuten?

„Er wird es gut haben“, tröstete Jennys Mutter. „Und du kannst ihn jederzeit besuchen“, warf Jenny ein. „Wenn es dir irgendwann wieder besser gehen sollte, kannst du ihn natürlich auch jederzeit reiten“, versprach Tim. Ankes Schluchzen wurde heftiger. „Ich weiß ja. Ich heule ja nicht nur, weil ich ihn abgebe, sondern auch weil ich mich so freue, dass er bei euch bleibt“, schluchzte sie. Es dauerte einen Moment, bis ich das alles sortiert hatte. Das hieß also … hatte ich das jetzt wirklich richtig verstanden? Das bedeutete doch … das würde ja heißen – Jennys Eltern hatten Fidel gekauft?! Ich konnte es kaum fassen. Hätte ich auch vor Freude weinen können, so hätte ich Anke garantiert übertönt und so viele Freudentränen vergossen, dass wir alle bis zum Bauch im Wasser gestanden hätten! Da das Weinen aber den Zweibeinern vorbehalten ist, musste ich meine Freude anders zum Ausdruck bringen. Ich hüpfte mit übermütigen Bocksprüngen in meiner Box umher quiekte so vergnügt, wie ein junges Ferkel.

„Ronny, was machst du denn?“, kicherte Jenny sichtlich amüsiert. Ich wundere mich oft, warum Zweibeiner uns Pferden eigentlich immer mal wieder Fragen stellen, obwohl sie doch eigentlich ganz genau wissen müssten, dass sie unsere Antworten sowieso nicht hören können. Aber es störte mich nicht. Mich konnte an diesem Tag gar nichts mehr stören. Ich war einfach nur glücklich! ÜBERGLÜCKLICH!

„Ob Ronny weiß, was gerade passiert ist und sich deshalb so freut?“ Diesmal richtete Jenny die Frage an ihre Mutter. „Nein, so klug sind Pferde nun auch wieder nicht. Wahrscheinlich ist es unsere Aufregung, die sich auf ihn überträgt“, antworte sie. Pah! Von wegen, *so klug sind Pferde nicht*! Und wie klug wir Pferde sind! Aber egal - sollten die Zweibeiner doch glauben, was sie wollten, ich war einfach nur froh! Fidel musste ich es dreimal erklären, bevor er begriff, was geschehen war. Zwar hatte er auch alles mit angehört, doch er konnte sein Glück einfach nicht fassen. Und als er es endlich kapiert hatte, stimmte er sofort in mein fröhliches Bocken ein. Die Zweibeiner lachten laut und herzhaft über unsere kleine Bocksprung-Vorführung, sogar Anke schien glücklich.

Maddi

Fidel und ich durften also zusammenbleiben und wir gehörten sogar wieder zu einer Familie. Jenny und Tim mussten sich nicht mehr um mich streiten, sie stritten jetzt ab und zu darum, wer das bessere Pferd hätte. Aber das nahmen wir natürlich nicht ernst. Zweibeiner-Geschwister schienen sich eben ab und zu gerne mal zu streiten. Ich denke, es ist wohl vergleichbar mit den spielerischen Kämpfen, die Fohlen untereinander auf der Wiese austragen.

Mein Freund Fidel hatte wieder zu seiner Ruhe und Gelassenheit zurück gefunden und Anke kam ihn regelmäßig besuchen. So vergingen einige unbeschwerte Wochen, in denen nichts besonders Aufregendes passierte. Bis zu jenem Tag, an dem gegenüber wieder eine Box für ein neues Pferd hergerichtet wurde. Es war ein großer Reitstall, und so kam es immer mal vor, dass ein Pferd auszog und einige Tage später ein neues Pferd kam. Für uns war das immer eine sehr spannende Angelegenheit. Erstens hatte jedes neue Pferd spannende Dinge zu berichten, und zweitens bedeutete ein neues Pferd in der Herde, dass auch die Rangordnung ein wenig durcheinandergeraten konnte. Natürlich hatte ich immer noch den Posten des Herdenchefs, und natürlich war ich auch nicht bereit, diesen abzugeben. So war es für mich immer ganz besonders spannend, wer der Neuankömmling war, und wie schnell er akzeptieren würde, dass ich der Chef war. Normalerweise gab es damit keine Probleme. Ihr wisst ja, ich konnte mich schon immer recht gut durchsetzen. So sahen die meisten Neuankömmlinge dann schnell ein, dass sie ihren Platz in der Rangordnung irgendwo hinter mir finden mussten. Fidel war das einzige Pferd, das ein wenig aus der Reihe tanzte. Er hatte zwar eine sehr niedrige Position in der Rangordnung, stand aber als mein bester Freund unter meinem persönlichen Schutz. Da er sich immer in meiner Nähe aufhielt, hätte es kein anderes Pferd gewagt, ihn zu ärgern. Nur, wenn ich mal nicht da war, ärgerten sie ihn ab und zu. Fidel und Sunny duldete ich gern in meiner Nähe, alle anderen hatten respektvollen Abstand zu halten!

Wie schon erwähnt – das funktionierte auch immer sehr gut. Neue Pferde sahen immer schnell ein, dass es besser war, keinen Streit mit mir anzufangen. Nur einer hielt sich für stärker: Paolo, ein mächtiger brauner Hengst, der immer furchtbar angeberisch den Hals aufwölbte, wenn er mich sah. Er durfte nicht mit uns auf die Wiese, sondern hatte eine eigene Wiese für sich allein. Es ärgerte ihn sehr, dass wir Wallache gemeinsam mit den Stuten auf der Wiese standen, während er einsam und allein auf seiner hoch eingezäunten Wiese stand. Und noch mehr ärgerte es ihn, dass die Stuten mich als Herdenchef anhimmelten.

An dieser Stelle muss ich jedoch etwas aufklären: Sicher habt ihr schon mal vom „Leithengst“ gehört, der die Herde anführt. Aber ganz streng genommen hat in einer Pferdeherde meist eine ältere, erfahrene Stute das Sagen. Solche Stuten sind eigentlich die heimlichen Chefs einer Herde, denn bei wichtigen Entscheidungen, haben sie sozusagen das letzte Wort. Ich will euch hier nicht mit Einzelheiten langweilen, darum versuche ich es mal sehr vereinfacht zu erklären: Verschiedene Chefaufgaben sind also zwischen dem weiblichen und dem männlichen Leittier einer Herde aufgeteilt. Und freundlicherweise überlassen die Stuten uns Jungs aber den offiziellen Chefposten, sodass wir uns damit wichtig machen können. Einer Leitstute reicht es meist, die heimliche Chefin zu sein, und in den wirklich lebenswichtigen Fragen das letzte Wort zu haben. So können wir Jungs die Gelegenheit nutzen, und uns prima als Herdenchefs aufspielen.

Hengst Paolo war jedenfalls ziemlich neidisch und hätte liebend gern den offiziellen Chefposten in unserer Herde übernommen. Daraus machte er kein Geheimnis. Irgendwie tat er mir auch leid. Immer alleine und von den anderen Pferden isoliert zu sein ist nicht unbedingt das, was man sich als Pferd wünscht. Aber es ist wohl ein Schicksal, das leider viele Hengste haben.

Ich muss euch das kurz erklären: Die Zweibeiner bestimmen eben über uns Pferde, so ist das nun einmal. Und so bestimmen sie auch, wer sich mit wem fortpflanzen soll, und wer nicht. Darum werden die meisten Hengste – sofern sie nicht als Zuchthengste, sondern als Reitpferde arbeiten sollen - in jungen Jahren kastriert. So wird dann aus einem Hengst ein Wallach. Auf den ersten Blick mag das ziemlich gemein scheinen, aber es hat auch Vorteile: In den meisten Reitställen ist es nämlich so, dass Hengste nicht mit den anderen Pferden gemeinsam auf die Wiese dürfen. Die Gefahr, dass sie andere Pferde verletzten könnten, ist größer, weil Hengste gerne mal etwas kämpferischer sind. Außerdem würden sie dann die Stuten decken, was wiederum den Stutenbesitzern nicht gefallen würde, denn die wollen ihre Pferde ja meist reiten, und keine Zucht gründen. So fristen manche Hengste in Reitställen ein ziemlich einsames Dasein. Auch wenn die meisten Pferderomane und Filme von irgendwelchen prächtigen Hengsten handeln, so sind im wahren Leben die meisten männlichen Reitpferde doch Wallache.

Wir Wallache können uns zwar nicht mehr fortpflanzen, kommen aber dafür meistens in den Genuss, mit Artgenossen zusammen auf die Wiese zu dürfen. Auch wenn wir Wallache keine Fohlen mehr zeugen können, so dürfen wir wenigstens mit den Stuten zusammen auf die Wiese und auch mal mit ihnen schmusen, Mähne kraulen und herumtoben. Somit haben wir Wallache es eigentlich oft besser, als so mancher Hengst, der immer von seinen Artgenossen isoliert wird.

In der Natur ist das natürlich alles ganz anders: Da gibt es ja keine Wallache. Dort erkämpfen sich die Hengste ihre Stuten, mit denen sie dann eine Herde gründen. Oder sie leben in Junggesellenverbänden mit anderen jungen Hengsten zusammen, solange sie noch keine Stute gefunden haben. Aber bei uns Reitpferden ist ja bekanntlich so manches anders, als bei den Wildpferden, weil die Zweibeiner uns eben immer dazwischen funken. Das haben wir ja schon gelernt. Und nur weil man Wallach ist, heißt das ja nicht, dass man nicht trotzdem ein Buchheld sein kann – das seht ihr ja an mir.

Ich war eigentlich auch ganz froh, ein Wallach zu sein. Paolo, der übrigens der einzige Hengst in unserem Stall war, hatte nie die Chance eine Stute auch nur zu beschnuppern. Seine Weide lag weit entfernt von unseren Weiden und auch seine Box war weit von den anderen entfernt. Eigentlich war es kein Wunder, dass dieser Angeber meistens so schlecht gelaunt war. Doch obwohl ich wirklich Mitleid mit ihm hatte, reizte er mich oft mit seinen frechen Sprüchen. Denn, wann immer Paolo mich sah, blähte er sich furchtbar auf und rief mir freche Dinge zu. Ja, er wagte es sogar, mir zu drohen! *Mir* – dem Herrn und Meister über das gefährliche Knistermonster!

„Wenn ich dich zwischen die Hufe kriege, ist es vorbei mit deinem Chefposten! Du bist ja nicht mal ein Hengst! Die Stuten himmeln dich nur an, weil sie noch nie einen Hengst aus der Nähe gesehen haben", lästerte der Angeber. Dabei wölbte er seinen muskulösen Hals auf, blies mit einem lauten Schnaubton Luft aus seinen Nüstern und warf den Kopf zur Seite. Pah! Dazu musste ich kein Hengst sein, das konnte ich auch! Es ärgerte ihn maßlos, dass sein aufgeblasenes Getue keinen Eindruck auf mich machte. Noch viel mehr ärgerte es ihn, wenn ich mich genau so aufblähte, um ihm zu zeigen, dass auch Wallache echte Prachtkerle sein können.

Dieses Imponiergehabe zwischen uns gehörte inzwischen längst zum Alltag. Er konnte es einfach nicht lassen mich mit frechen Sprüchen zu provozieren, ich konnte es nicht lassen, ihm mit frechen Antworten zu begegnen. Im Grunde genommen waren mir die Stuten relativ egal. Ich hätte Paolo sogar freiwillig einoder zwei Stuten aus meiner Herde abgegeben, damit er nicht immer so allein ist. Allerdings hätte ich das niemals zugegeben, weil dieser Paolo immer so eine große Klappe hatte. Aber gedacht hatte ich schon mal daran.

Zugegeben, wenn die Stuten ihre schmusigen Phasen hatten, flirtete ich ganz gerne mit ihnen. Und ich genoss es auch, von ihnen angehimmelt zu werden, aber wir Wallache sehen die Sache mit den Stuten meist nicht ganz so verbissen wie die Hengste. Es gab sogar Stuten in der Herde, die mich nicht einmal dann interessierten, wenn sie ihre schmusigen Phasen hatten. (Zweibeiner nennen diesen Zustand übrigens „Rosse“. Sie sagen: „Die Stute ist rossig“, wenn sie die Nähe ihrer männlichen Artgenossen sucht.) Wie gesagt, bei manchen Stuten interessierte nicht einmal das besonders. Egal wie man es nannte.

Bei der Stute, die dann in die Box gegenüber meiner Box einzog, war das jedoch ganz anders. Ich erinnere mich noch ganz genau an den Tag, an dem sie in unseren Stall einzog. Es war Liebe auf den ersten Blick! Ich traute meinen Augen kaum, als ich mit Fidel, Jenny und Tim vom Ausritt zurückkam und sie plötzlich da stand: Sie war klein, zierlich und pechschwarz. Ihr kurzes, glattes Fell glänzte in der Abendsonne, ihre lange Mähne und ihr dichter Schweif waren leicht gewellt. Im Schein der Abendsonne schimmerten die Wellen leicht rötlich, was ihr lackschwarzes Fell noch lebendiger und glänzender wirken ließ. Auf der Stirn hatte sie einen kleinen weißen Stern, der unter ihrem dichten Schopf hindurchschimmerte. Was für eine Schönheit! Wie angewurzelt blieb ich stehen und starrte sie bewundernd an.

„Ronny! Hast du noch nie ein Pferd gesehen?“, lachte Jenny und versuchte mich wieder in Bewegung zu versetzen. Vergeblich, denn ich konnte den Blick nicht von dieser bildhübschen Prachtstute wenden. Sie hatte wunderschöne große Augen und ihr Blick traf mich mitten ins Herz. „Hi! Ich bin Maddi“, sagte die schwarze Schönheit mit samtweicher Stimme. „Eigentlich Mademoiselle de la Russie“, sie senkte beschämt den Blick und fügte lachend hinzu: „Aber wer will schon so heißen?“

Mademoiselle de la Russie – vier Namen für ein Pferd, diese Zweibeiner waren doch wirklich verrückte Wesen! Als hätte sie meine Gedanken erraten, erklärte die hübsche Stute: „Das ist wohl französisch und bedeutet soviel wie ‚Fräulein aus Russland‘. Ich wurde in Russland geboren, so kamen die Zweibeiner wohl auf diesen komischen Namen. Aber frag mich jetzt bitte nicht, warum sie mir einen französischen Namen gegeben haben, und keinen russischen. Das wissen wohl nur diese komischen Zweibeiner selbst. Sie haben ja manchmal verrückte Ideen“, stellte auch Maddi lachend fest. Ich starrte sie immer noch fasziniert an, und brachte vor lauter Begeisterung für dieses zauberhafte Wesen keinen Ton heraus. Sie wirkte so zart uns so stark zugleich, dass es mir glatt die Sprache verschlug.

„Hast du auch einen Namen?“, fragte sie nach einer Weile. „Ronny“, stammelte ich, „eigentlich Geronimo, aber eigentlich Ronny“. *Eigentlich, eigentlich, eigentlich …* - was redete ich denn da bloß für einen Unsinn? Ich war ja völlig durcheinander! Was sollte Maddi denn von mir denken?

„Ronny! Komm jetzt!“ Jenny klang ungeduldig, obwohl das sonst gar nicht ihre Art war. Den Blick immer noch bewundernd auf Maddi gerichtet, stolperte ich fast über meine eigenen Hufe, als ich mich endlich wieder in Bewegung setzte. Verzaubert vom

Anblick dieser niedlichen Stute taumelte ich in meine Box und drehte mich sofort in ihre Richtung, um sie erneut fasziniert anzustarren.

„Hui, dich hat es aber erwischt, Kumpel!“, kicherte Fidel von nebenan, „so verliebt habe ich dich ja noch nie gesehen.“ Auch wenn ich es in dem Moment nicht hören wollte, er hatte Recht – es hatte mich tatsächlich voll erwischt. Noch nie zuvor hatte mir eine Stute so sehr den Kopf verdreht, wie diese hübsche kleine Maddi. Ich konnte den Blick kaum von ihr wenden. Und auch sie blinzelte immer wieder verlegen zu mir herüber. Ich konnte es kaum erwarten, sie am nächsten Tag auf der Wiese näher kennenzulernen und sie ausgiebig zu beschnuppern. In dieser Nacht machte ich kaum ein Auge zu. Immer, wenn ich gerade eingedöst war, wurde ich wieder wach und musste schnell zu Maddis Box herüber schauen, um mich zu vergewissern, ob sie tatsächlich da war, oder ich all das nur geträumt hatte. Aber sie war da – traumhaft schön, aber real.

Die Spannung stieg, als wir am nächsten Morgen auf die Wiese gebracht wurden, denn Maddi wurde als letztes Pferd zu uns auf die Wiese gebracht. Während meine Freunde längst schon gemütlich grasten, lief ich erwartungsfroh am Zaun auf und ab und wartete auf die hübsche Stute. Meine Ungeduld steigerte sich mehr und mehr, denn es schien endlos lange zu dauern. Zweibeiner können ja so langsam sein! Und besonders langsam sind sie, wenn wir Pferde darauf warten, dass sie uns zum Beispiel Futter bringen, uns auf die Wiese führen - oder eben meine heißgeliebte Maddi endlich zu mir auf die Wiese bringen! Ich lief am Zaum auf und ab wie ein eingesperrter Tiger und ließ den Blick nicht vom Stallausgang ab.

Endlich! – Nach einer endlos scheinenden Wartezeit trat Maddi aus dem Stall. Sie stoppte kurz, um sich erst einmal umzusehen. Die Stallbesitzerin gab ihr die Zeit und hielt sie ganz locker am Strick. Wow! – Was für ein Pferd! In der Morgensonne glänzte ihr pechschwarzes Fell noch mehr als am Abend zuvor, ihre großen, freundlichen Augen blickten intelligent und aufmerksam um sich. Unter dem glänzenden Fell zeichneten sich deutlich ihre Muskeln ab, ihre lange, seidige Mähne und der dichte Schweif wehten im Wind. Ich war verzaubert von diesem Anblick! Umso mehr ärgerte es mich, dass sich nun dieser aufgeblasene Hengst Paolo einschaltete. Mit lautem Gewieher und aufgewölbtem Hals versuchte er, Maddis Aufmerksamkeit auf sich zu ziehen. Er führte sich auf wie ein Irrer, als Maddi an seiner Wiese vorbei geführt wurde. Doch die Rappstute Schritt anmutig, ja geradezu majestätisch an Paolos Wiese vorbei, ohne seinem Imponiergehabe allzu viel Beachtung zu schenken. Ha! Das war mir eine Freude! Paolo dagegen machte es rasend. Er drehte noch mehr auf und steigerte sich so sehr in sein Balzverhalten hinein, dass ich für einen Moment dachte, er würde versuchen, den Zaun einzurennen. Es war offensichtlich, dass Maddi ihm genau so sehr den Kopf verdreht hatte wie mir. Und - auch wenn ich ihn nicht leiden konnte – verübeln konnte man ihm das nicht. Diese Stute war eben wirklich etwas ganz Besonderes.

„Hi Ronny!“ Maddi schien erfreut mich zu sehen. Mir wurde ganz warm ums Herz. Inzwischen hatten auch die anderen Trantüten bemerkt, dass wir Zuwachs in der Herde bekommen hatten, und stürmten von allen Seiten herbei, um Maddi zu begutachten. So nicht! Jetzt war der Moment gekommen, an dem ich mich mal aufblasen musste! Mit hochgestelltem Schweif, eng angelegten Ohren und aufgewölbtem Hals jagte ich jeden weg, der Maddi zu nahe kam. Ich umkreiste die Stute mit schwebenden Trabtritten und machte allen anderen Pferden unmissverständlich klar, dass diese hübsche Stute mir allein gehörte. Die Sache war schnell geklärt, denn keiner von den anderen Wallachen hätte es gewagt, meine Drohungen zu ignorieren. Nur Paolo tobte vor Wut, aber der war ja ohnehin auf seiner Wiese eingesperrt und somit absolut chancenlos, sich Maddi nähern zu können.

Als sich die Aufregung in unserer Herde wieder gelegt hatte und alle friedlich grasten, kam ich mit Maddi ins Plaudern. Sie schien sich in meiner Nähe sehr wohl zu fühlen, und erzählte mir bereitwillig aus ihrem Leben.

„Du sagtest, du kommst aus Russland“, begann ich unser Gespräch, „ist das weit weg?“

„Oh ja, das ist ziemlich weit weg“, antwortete Maddi, „wir haben viele, viele Stunden in einem engen, stickigen LKW stehen müssen, als wir herkamen. Einige von uns haben die Strapazen der langen Reise nicht verkraftet und sind fast verrückt geworden vor Angst.“ Sie senkte den Kopf, bevor sie weiter sprach: „Für meinen Bruder war es zu viel. Er war vorher schon ein ziemliches Nervenbündel, weil er die raue Behandlung auf der Rennbahn nicht ertragen konnte.“

„Rennbahn? Du kommst von einer Rennbahn?“, fragte ich interessiert. Bisher hatte ich noch kein Pferd kennengelernt, das von einer Rennbahn kam. „Um die Wette laufen stelle ich mir sehr spaßig vor, das würde mir gefallen“, vermutete ich, naiv, wie ich war.

„Oh nein, von Spaß kann keine Rede sein“, erklärte Maddi. „Wir waren in Russland auf einer Trabrennbahn und sollten dort Rennen laufen. Was für dich nach Spaß klingt, war ein verdammt harter Job. Wir mussten schon sehr früh arbeiten, manche von uns wurden schon als Jährlinge vor den Karren gespannt.“

Ich schluckte. Als Jährling hatte ich mit Fidel, Picasso und meinen anderen Freunden noch unbeschwert auf der Wiese herumgetollt. Ans Arbeiten hatte damals noch keiner von uns gedacht. Wir hatten Blödsinn im

Kopf, haben lustige Spiele gespielt und dem Zuckermann seinen Hut geklaut. Aber arbeiten? Nein, damit musste sich von uns in diesem zarten Alter noch keiner beschäftigen.

Maddi klang sehr ernst, als sie dann weiter sprach: „Die Menschen wollten mit uns Pferden möglichst viel Geld verdienen, darum war ihnen jedes Mittel recht, um uns in kürzester Zeit zu schnellen Trabern zu machen. Im Trabrennen darf man nicht galoppieren, sonst wird man disqualifiziert und kann das Rennen nicht gewinnen. Darum band man den Pferden, die lieber galoppierten, die Köpfe hoch, sodass das Angaloppieren im Rücken schmerzte. Zusätzlich bekamen wir Schläge, damit wir möglichst schnell liefen. Wir hatten das Pech auf einer Rennbahn zu landen, auf der man die Pferde sehr schlecht behandelte. Sicher gibt es auch andere, bessere Pferdetrainer auf Rennbahnen, auch in Russland. Aber bei uns ging es wirklich sehr rau und brutal zu. Man gab uns keine Zeit zu lernen, sondern versuchte uns alles mit Gewalt beizubringen. Für meinen Bruder Maurice war das zu viel, er hat es nicht verkraftet." Maddi senkte traurig den Kopf.

„Was ist mit deinem Bruder Maurice passiert?", fragte ich zaghaft. Ich ahnte schon, dass etwas sehr Schlimmes passiert sein musste. Es dauerte eine Weile, bis Maddi zu erzählen begann:

„Als wir drei und vier Jahre alt waren – Maurice war ein Jahr älter als ich – stellten die Zweibeiner fest, dass wir ihnen als Rennpferde nicht genug Geld einbrachten. Darum beschlossen sie, uns als Reit- oder Kutschpferde nach Deutschland zu verkaufen. Auf diese Weise brachten wir immer noch mehr Geld ein, als wenn man uns geschlachtet hätte. So wurden wir mit vielen anderen Trabern in einen engen LKW gepfercht, und nach Deutschland gekarrt. Mein Bruder, der von den vielen Schlägen der Männer sowieso schon völlig verängstigt war, wäre auf dieser Reise fast vor Angst gestorben.“

Maddi machte wieder eine Pause, und dieses Mal stellte ich keine Zwischenfrage, sondern wartete einfach, bis sie sich wieder gefasst hatte und weiter sprach: „Als wir dann endlich bei dem Pferdehändler in Deutschland angekommen waren, passierte es: Die Boxen bei diesem Pferdehändler waren klein, eng und dreckig. Der einzige Lichtblick – im wahrsten Sinne des Wortes – schien ein kleines Fenster zu sein, das sich in Maurice Box befand. Völlig verängstigt, nass geschwitzt und zitternd stand mein großer Bruder nun in seiner Box und war wie gelähmt vor Angst. Die laute und derbe Stimme des Pferdehändlers erinnerte ihn an einen Arbeiter auf der Rennbahn, der uns oft geschlagen hatte. Maurice drehte sich in der engen Box mit dem Kopf zum Fenster. Er hoffte, wenn er mit dem Hinterteil zur Boxentür stünde, würde der Pferdehändler ihn vielleicht übersehen. Doch sein Plan ging nicht auf.“

Wieder machte Maddi eine Pause. Ich spürte, wie schwer es ihr fiel, sich an die Dinge zu erinnern und darüber zu reden. So wartete ich geduldig ab, bis die hübsche Stute sich wieder so weit gefasst hatte, dass sie weitererzählen konnte: „Der Pferdehändler wollte Maurice begutachten und öffnete seine Boxentür. Maurice zitterte wie Espenlaub, sein ganzer Körper war angespannt, sein Fell verklebt vom Angstschweiß. Der Pferdehändler brüllte ihn barsch an, er solle sich rumdrehen, doch mein Bruder war starr vor Angst. Er rührte sich nicht. Für einen Augenblick hielten wir Pferde alle den Atem an. Für eine Sekunde schien die Welt stillzustehen. Der Kopf des Mannes wurde ganz rot vor Zorn. Es war unheimlich, wir hatten Angst. Dann ging plötzlich alles ganz schnell: Der Pferdehändler griff nach einer Mistgabel und holte aus, Maurice zog ängstlich sein Hinterteil ein, um der Prügel zu entgehen, aber der Händler verstand es falsch. ‚Das Mistvieh will mich treten!' brüllte er, seine Stimme heiser vor Wut. Dann schlug wie ein Irrer mit der Mistgabel auf meinen Bruder ein. Immer und immer wieder. Maurice – rasend vor Angst - stieg an den Wänden der engen Box hoch, versuchte verzweifelt den Schlägen zu entkommen, doch in der Enge seiner winzigen Box hatte er keine Chance den Schlägen zu entrinnen. Seine Angst steigerte sich in blanke Panik. Maurice steigerte sich so sehr in seine Panik hinein, dass er schließlich einen fatalen Fehler machte – er versuchte, aus dem winzigen Fenster zu springen." …

Maddi machte erneut eine Pause, und dieses Mal dauerte es noch länger, bis sie sich wieder gefasst hatte. Es schien eine kleine Ewigkeit zu vergehen, aber ich wartete wieder geduldig und gespannt ab, bis sie schließlich kaum noch hörbar weitersprach: „Für einen Moment war es dann ganz still im Stall, denn wir Pferde wussten alle, was passiert war, als wir das Knacken seiner Knochen hörten und sein Körper kurz darauf leblos ins Stroh sackte …"

In diesen Sätzen klang so viel Trauer mit, wie ich es noch nie zuvor von einem Pferd gehört hatte. Ich rang nach Luft und konnte kaum fassen, was ich gerade gehört hatte. Ich konnte nicht fassen, wie grausam Menschen manchmal sein können. Die Geschichte machte mich so traurig, dass ich für den Rest des Tages kein Wort mehr herausbrachte. Bis zum späten Abend grasten Maddi und ich schweigend Seite an Seite, keiner von uns sagte ein Wort.

Es dauerte Tage, bis ich die Geschichte von Maddis Bruder einigermaßen ‚verdaut' hatte. Nun hatte ich schon so viel erlebt, und so viel von anderen Pferden gehört, doch es schien immer wieder Dinge zu geben, die alles in den Schatten stellten. Es war einfach unfassbar, wie ungerecht und grausam manche Menschen ihre Pferde behandelten. Im Vergleich zu Maddi und ihren Leidensgenossen hatte ich es selbst Heike und dieser bärtigen Frau noch gut gehabt. Umso mehr bewunderte ich Maddi dafür, dass sie trotz all dieser Misshandlungen ihren Stolz nicht verloren hatte. Es gehörte schon sehr viel Stärke dazu, solche schrecklichen Erlebnisse zu überstehen und danach noch einmal Vertrauen zu Menschen zu fassen. Es musste schrecklich für sie gewesen sein, so hilflos mit anzusehen, wie ihr Bruder starb, nur weil er sein Leben lang schlecht behandelt worden war und Angst vor Menschen hatte. Wie er zuletzt derart in Panik geprügelt wurde, dass er versuchte, durch ein winziges Fenster zu springen und sich dabei das Genick brach. Ich mochte mir gar nicht vorstellen, was es für ein Gefühl sein muss, so etwas Grausames zu erleben.

Wie mir Maddi erzählte, hatte sie sehr, sehr lange gebraucht, um darüber hinwegzukommen. Nur vier Jahre war ihr Bruder Maurice geworden. Ein Alter, in dem ein Pferd noch nicht einmal ganz ausgewachsen und ausgereift ist. Ein Alter, in dem das Pferdeleben eigentlich erst so richtig beginnt, spannend zu werden. In diesen vier Jahren hatte der arme Kerl nur Grausamkeit, Schläge und Ungerechtigkeit erfahren. Er war herzensgut und hätte niemals jemanden getreten. Er hatte nur Angst gehabt, und sich vor den Schlägen des brutalen Pferdhändlers gefürchtet. Maurice hatte den Schlägen nur ausweichen wollen. Der

Händler hatte es missverstanden, so wie der arme Maurice sein ganzes Leben lang missverstanden worden war. Und alles, was der Pferdehändler dazu zu sagen hatte, als Maurice tot im schmutzigen Stroh seiner engen Box lag, waren die herzlosen Worte: „Was für ein blöder Bock!“ Es war unfassbar.

Zum Glück hatte Maddi nicht lange bei diesem schrecklichen Pferdehändler bleiben müssen. Sie fand schnell eine neue Besitzerin, die sie sehr sachkundig und liebevoll zum Reitpferd ausbildete. Dank dieser liebevollen Ausbildung konnte die hübsche kleine Stute nach und nach wieder Vertrauen zu Menschen aufbauen und im Alter von drei Jahren erstmals erfahren, dass Menschen auch nett sein können. Für mich war das kaum vorstellbar. Sonja, die Pferdepflegerin in meinem Heimatstall, war schon nett zu mir, als ich gerade das Licht der Welt erblickt hatte. Ich fragte mich immer wieder, ob ich je einem Menschen vertraut hätte, wenn man mich in meinen ersten Lebensjahren so brutal und ungerecht behandelt hätte, wie Maddi es erleben musste. Aber das sind solche Fragen, auf die man wohl keine Antwort finden kann.

Die Arbeit als Reitpferd hatte Maddi von Anfang an viel Spaß gemacht, aber mit dem Galopp gab es viele Probleme, wie sie mir erzählte. Immerhin hatte man ihr bis dahin immer Schmerzen zugefügt, wenn sie auch nur den Versuch machte, anzugaloppieren. Damit saß die Angst vor dem Angaloppieren so fest in ihrem Kopf, dass sie es einfach nicht mehr wagte. Inzwischen konnte Maddi darüber lachen, als sie sich zurückerinnerte: „Meine Besitzerin Sandra hatte eine harte Zeit mit mir. Immer, wenn sie mich zum Galopp antrieb, verfiel ich in meinen Renntrab, anstatt zu galoppieren. Der Renntrab scheint allerdings für Reiter keine besonders großen Sitzkomfort zu bieten – obwohl Sandra eine sehr gute Reiterin war, konnte sich die Ärmste kaum auf meinem Rücken halten, wenn ich in meinem Turbo-Trab lospreschte." Maddi kicherte. Die Erinnerung daran amüsierte sie sichtlich. „Aber Sandra nahm es mir nicht übel", erzählte die Stute weiter, „sie hatte Verständnis und brachte eine bewundernswerte Geduld auf. Darüber hinaus war sie so einfühlsam, dass sie schon bemerkte, wenn ich auch nur ansatzweise meine Muskeln so anspannte, als würde ich angaloppieren wollen. Sie fühlte quasi schon, wenn ich nur ans Galoppieren dachte, und lobte mich dann sofort. Als ich irgendwann tatsächlich den ersten Galoppsprung unter ihr wagte, lobte sie mich so sehr, als hätte ich gerade eine Olympiade gewonnen." Maddi kicherte wieder. „Das motivierte mich, und schließlich ließ tat ich es einfach – ich galoppierte! So, wie die Natur mir diese wunderbare Gangart mit auf den Weg gegeben hatte, so wie ich es als kleines Fohlen gern auf der Wiese getan hatte, bevor man mich vor den Karren spannte, den die Menschen Sulky nannten. Und es war herrlich! Die ersten Galoppsprünge waren noch verspannt und unbeholfen, doch als mich meine Besitzerin wieder lobte, fühlte ich mich mit jedem Galoppsprung ein wenig freier. Ich entspannte mich, mein Galopp wurde weicher und raumgreifender. Inzwischen ist es meine Lieblingsgangart."

Ich hatte Maddi ja inzwischen schon oft galoppieren sehen. Sie hatte wirklich eine wunderschöne und sehr majestätisch wirkende Galoppade. Ich konnte mir kaum vorstellen, dass sie dies erst mühsam in monatelanger Arbeit wieder erlernen musste, nachdem man ihr das Galoppieren so lange verboten hatte. Was für ein Glück, das die hübsche Stute eine so verständnisvolle Besitzerin gefunden hatte! Und was für ein Glück, dass Maddi nun bei mir war. Ich liebte es, ihren Erzählungen zu lauschen, ihren Duft zu riechen oder sie einfach nur anzuschauen. Sie war nicht nur die schönste Stute, die ich je gesehen hatte, sondern sie hatte auch ein bezauberndes Wesen, das mich mehr und mehr faszinierte.

Ein Kampf mit Folgen

Ich war allerdings nicht der Einzige, der von Maddi verzaubert war. Seit sie in unseren Stall eingezogen war, schien auch Paolo außer Rand und Band. Bis dahin hatte ich das Imponiergehabe des aufgeblasenen Hengstes nicht allzu ernst genommen. Zwar hatte ich mich gelegentlich von ihm provozieren lassen und hatte ihm mit kessen Sprüchen geantwortet, doch ich hatte es immer als eine Art Spiel angesehen. Seine Drohungen hatte ich genau so wenig ernst genommen, wie ich meine Drohungen ernst gemeint hatte. Doch mit Maddis Einzug in unseren Stall hatte sich Paolo verändert. Es machte ihn rasend, wenn er Maddi bei mir auf der Wiese stehen sah und er fand keine ruhige Minute mehr auf seiner hoch eingezäunten Hengstweide. Der kastanienbraune Hengst lief den ganzen Tag am Zaun auf und ab, scharrte mit seinen Hufen Löcher in den Boden und war so aggressiv, das er versuchte den Zaun einzurennen, wenn ich an seiner Wiese vorbei kam.

Mein Freund Fidel war besorgt: „Wenn der irgendwann mal da rauskommt, bringt er dich um, Ronny“, warnte Fidel eindringlich. „Unsinn, Zwerg, der Zaun ist stabil und sicher wie eine Festung. Paolo mag stark sein, aber nicht stark genug, um diesen Zaun einzurennen“, beruhigte ich ihn. Die Stallbesitzerin war sehr auf die Sicherheit der Pferde und Reiter bedacht. Sie kontrollierte die Weidezäune täglich, und auf den Zaun, der Paolos Weide umgab, legte sie ganz besonderes Augenmerk. Erst recht, seit sich Paolo so wild aufführte. Anfangs dachte ich auch noch, der Hengst würde sich irgendwann wieder beruhigen, doch das Gegenteil war der Fall - die Lage spitzte sich immer mehr zu.

Auch seiner Reiterin bereitete Paolo zunehmend Probleme: Er folgte ihren Hilfen nicht mehr so wie sonst und war kaum noch zu bändigen. Während sie vorher sehr erfolgreich Turniere mit ihm geritten hatte, war sie jetzt kaum noch in der Lage, ihn auf dem Reitplatz oder im Gelände geradeaus zu reiten. Während er früher – abgesehen von den gelegentlichen Anfällen seines albernen Imponiergehabes – ganz problemlos mit anderen Pferden zusammen geritten werden konnte, war das jetzt kaum noch möglich. Aus heiterem Himmel hatte er mitten in einer Reitstunde versucht, einen anderen Wallach anzugreifen. Mit Mühe und Not hatten die Reitlehrerin und Paolos Reiterin das Schlimmste verhindern können. Doch nach diesem Vorfall bekam Paolos Besitzerin trotz ihrer langjährigen Reiterfahrung Angst vor seinen Kraftausbrüchen. Sie isolierte ihn noch mehr von anderen Pferden als bisher, doch das machte die Sache nur noch schlimmer. Es war ein Teufelskreis.

„Der Kerl ist eine tickende Zeitbombe!“, zeterte Fidel immer wieder, doch ich nahm seine Warnung nicht ernst. Als Maddi dann eines Tages rossig wurde, spielten Paolos Hormone völlig verrückt: Immer wieder nahm er Anlauf, und es war deutlich zu erkennen, dass er ernsthaft vorhatte, über den hohen Zaun seiner Weide zu springen. Eine absolut wahnwitzige Idee, denn der Zaun war so hoch und stabil, dass kein Pferd der Welt darüber springen konnte. Maddi und ich standen nah beieinander und beobachteten den durchgedrehten Hengst mit Sorge. Auch die anderen Pferde hatten das Grasen eingestellt, und starrten gespannt zur Hengstwiese herüber, wo Paolo immer wieder auf den Zaun zu galoppierte, um dann doch im letzten Moment noch abzubremsen. Doch, auch wenn er im letzten Moment immer noch scharf abbremste – uns war dennoch klar, dass er es durchaus ernst meinte. Es war keine Show, er hatte sich ernsthaft in den Kopf gesetzt, den Zaun zu überwinden und versuchte nur noch die passende Absprungdistanz zu finden. Als die Zweibeiner auch bemerkten, was Paolo vorhatte, brach Hektik aus:

„Wir müssen den Hengst reinholen! Der bricht sich alle Knochen, wenn er versucht über den Zaun zu springen!“ Die Stimme der Reitlehrerin klang verdächtig nach Alarmstufe rot. Paolo nahm indes erneut Anlauf und visierte den Zaun an. Hektisch wuselten die Zweibeiner auf dem Hof durcheinander. Die Reitlehrerin lief zu Paolos Wiese und versuchte ihn zu beruhigen. Seine Besitzerin suchte hektisch nach einem Führstrick, ein paar Mädchen rannten einfach hin und her wie aufgescheuchte Hühner. Warum genau, blieb uns Pferden ein Rätsel. Zweibeiner neigen eben manchmal zu seltsamen Reaktionen, daran hatte ich mich ja schon gewöhnt.

Nach einer Weile war es Paolos Besitzerin endlich gelungen, den Führstrick an seinem Halfter zu befestigen und die führte ihn aus der Weide in Richtung Stall. Der Hengst, dessen Fell vor lauter Aufregung inzwischen schweißnass war, schlug unwirsch mit dem Kopf und tänzelte neben seiner Besitzerin her. Sein Gewieher klang ganz deutlich nach Protest und es war offensichtlich, dass Paolo andere Interessen hatte, als seiner Besitzerin in den Stall zu folgen. Mit jedem Schritt, mit dem er sich weiter von uns entfernte, wehrte er sich mehr gegen die Idee seiner Besitzerin. Der mächtige Hengst schien mit jedem Schritt größer zu werden, weil er sich immer mehr anspannte und seinen Hals immer höher aufwölbte. Kurz bevor er den Stalleingang erreichte, passierte schließlich das, was wir Pferde längst vorausgeahnt hatten: Paolo explodierte regelrecht! Er stieg kerzengerade in die Luft und schlug mit den Vorderbeinen aus. Seine Besitzerin musste den Kopf einziehen, um nicht von seinen Hufen getroffen zu werden. Sie war kreidebleich. Die Reitlehrerin wollte ihr zur Hilfe eilen, doch Paolo war schneller: Kaum wieder auf dem Boden gelandet stieg er erneut, warf sich dabei herum und traf seine Besitzerin mit einem Vorderhuf am Kopf. Sie fiel um wie ein Stein, und Paolo war frei. Auch die Reitlehrerin, die noch versuchte, sich ihm in den Weg zu stellen, konnte den Hengst nicht aufhalten. In mörderischem Tempo kam er auf unsere Wiese zu gerast.

Keiner von uns rührte sich. Meine ganze Herde stand einfach da wie versteinert und starrte mit weit aufgerissenen Augen auf den durchgedrehten Hengst, der mit donnernden Hufen auf uns zu galoppierte. Einige stellten in ihrer Anspannung die Schweife hoch, manche Pferde bliesen mit einem lauten Geräusch Luft aus ihren Nüstern, um der Anspannung – im wahrsten Sinne des Wortes - Luft zu machen. Aber ansonsten standen wir einfach reglos da, und warteten ab, was nun passieren würde. Erst, als die dicken Holzbalken unseres Weidezauns unter lautem Krachen brachen und wie Streichhölzer durch die Luft flogen, ergriffen meine Herdenmitglieder die Flucht. Ich stand da wie angewurzelt, konnte nicht glauben, was ich soeben gesehen hatte. Dieser durchgeknallte Hengst hatte unseren Weidezaun einfach niedergerannt! Ohne abzubremsen, ohne zu zögern und ohne zum Sprung anzusetzen, war er einfach mitten durch den Zaun galoppiert, als wäre das nichts! Er hatte die stabilen Holzbalken zum Bersten gebracht, als wären sie aus Pappe!

Maddi war nicht geflohen. Sie drängte sich dicht an mich, während Paolo direkt auf mich zu gerast kam. Seine Ohren waren so flach am Kopf angelegt, dass sie kaum noch zu sehen waren. Sein Hals war weit vorgestreckt, seine Nüstern lang gezogen, seine Augen funkelten wild. Man musste kein Hellseher sein, um zu wissen, dass diese Zeichen nichts Gutes verhießen. Zum ersten Mal in meinem Leben hatte ich nicht die leiseste Ahnung, was ich jetzt tun sollte. Der Rest meiner Herde hatte sich in die hinterste Ecke der Weide verzogen, wo sie nun wieder wie versteinert standen und gebannt beobachteten, was nun passieren würde. Nur Maddi blieb in meiner Nähe.

Mit weit aufgerissenem Maul flog der Hengst auf mich zu. Ein stechender Schmerz ging durch meinen Körper, als sich Paolo auf mich stürzte, und sich in meinem Hals festbiss. Ich spürte, wie mein warmes Blut über meine Haut rann, aber mir blieb keine Zeit zum Jammern. Ich musste mich wehren, denn dieser Hengst war zu allem entschlossen. Das kreischende Stimmengewirr, das von den Zweibeinern aus zu uns herüber drang, nahm ich nur wie durch einen Nebel wahr. Ich hatte Wichtigeres zu tun, als mich um aufgeregte Zweibeiner zu kümmern. Ich musste meine Herde und mein Leben verteidigen! Einen Kampf wie diesen hatte ich bisher noch nicht erlebt. Die wilden

Kämpfe, die ich mir mit meinem Jugendfreund Picasso geliefert hatte, als ich noch ein junger Hengst war, hatten zwar in den Augen der Zweibeiner immer sehr wild und gefährlich ausgesehen, aber es waren nur spielerische Kämpfe gewesen. Und die Rangkämpfe, die ich bisher mit anderen Wallachen ausgetragen hatte, um meinen Chefposten zu erkämpfen, waren zwar ernst gemeint, aber kein Vergleich mit dem erbitterten Kampf, in dem ich jetzt mit Paolo steckte. Das war kein einfacher Rangkampf, wie ich ihn bisher kannte, und es war erst recht kein spielerischer Kampf. Der Hengst war völlig von Sinnen. Wir stiegen einander an, bissen und traten uns gegenseitig. Ich versuchte meinen Gegner in die Flucht zu schlagen, doch ich hatte fast das Gefühl, dieser Paolo versuchte ernsthaft, mich umzubringen.

Die Reitlehrerin und ein paar weitere Zweibeiner kamen mit Peitschen und Holzbalken herbei geeilt und versuchten uns irgendwie auseinander zu treiben, doch der Hengst ließ nicht von mir ab. Von außen muss es wohl ausgesehen haben wie ein einziges wirres Knäuel aus kämpfenden Pferden und hektischen Menschen, die verzweifelt versuchten, den Kampf zu beenden. Ich spürte, wie meine Kräfte langsam schwanden, und war erleichtert, als ich aus dem Augenwinkel sah, wie die Reitlehrerin den Führstrick, der immer noch an Paolos Halfter hing, endlich zu fassen bekam. Doch genau in diesem Moment wirbelte der Hengst noch einmal herum. Ich hörte ein lautes, krachendes Geräusch und verspürte einen höllischen Schmerz in meinem Hinterbein. Für einen Moment war alles still.

Ich stand da wie betäubt, während die Reitlehrerin dem tobenden Paolo eine Führkette über die Nase legte und ihn abführte. Der Schmerz in meinem Hinterbein war so heftig, dass ich das Gefühl hatte, jeden Moment umzufallen. Ich konnte nicht mehr auftreten und das Bein nicht mehr anheben. Die Zweibeiner scharten sich jetzt um mich, um meine Verletzung zu begutachten. Einige schrien entsetzt auf, ein Mann griff zum Handy und rief den Tierarzt, ein Mädchen fiel in Ohnmacht. „Der ist nicht mehr zu retten“, hörte ich eine Stimme sagen. Obwohl der Weidezaun eingerissen war, verließ kein Pferd aus meiner Herde die Weide. Sie standen alle nur da, wie gelähmt, starr vor Schreck. Maddi näherte sich zögerlich. „Das sieht übel aus“, bemerkte sie mitfühlend. „Wenn es nur halb so übel aussieht, wie es sich anfühlt, kann ich verstehen, dass die Zweibeinerin in Ohnmacht gefallen ist“, gab ich zurück. Die Schmerzen waren unerträglich. Auch der Tierarzt kräuselte seine Stirn zu sorgenvollen Falten, als er auf der Wiese eintraf. „Das sieht nicht gut aus“, bemerkte auch er. Dann gab er mir eine Spritze und verband mein verletztes Bein. Wenig später stand ich im Pferdeanhänger und war auf dem Weg in die Tierklinik.

Ich weiß nicht genau, was dann geschah, denn in der Klinik gab man mir noch mehr Spritzen, von denen ich ganz schläfrig wurde. Ich erinnere mich nur daran, dass ich plötzlich in einen Tiefschlaf fiel. Trotz der ungewohnten Umgebung und der vielen fremden Leute um mich herum, wurde ich so müde, dass ich mich einfach nicht mehr auf den Beinen halten konnte. Das Wort „Operation“ hatte ich noch aufgeschnappt, bevor es um mich herum dunkel wurde. Offenbar war mein Bein wohl so schwer verletzt, dass ich operiert werden musste.

Das Wort „Operation“ war auch eines der ersten Worte, die ich hörte, als ich dann langsam wieder aus meinem Tiefschlaf erwachte. Jenny, Tim und ihre Eltern standen vor meiner Box und redeten mit einem Tierarzt. „Die Operation war erfolgreich“, erklärte er ihnen, „aber man kann noch nicht sagen, ob er je wieder richtig geritten werden kann. Er muss jetzt lange stehen, und dann sehr vorsichtig wieder aufgebaut werden.“ *Wieder aufgebaut???* Was redete dieser komische Zweibeiner denn da? Ich bin doch kein Bausatz! Immer noch benommen im Stroh liegend, sah ich mich an. Beine: 1-2-3-4, alle da. Und alle waren noch am Körper fest. Kopf und Hals saßen auch noch auf dem Körper. Alles komplett, von Bausatz konnte keine Rede sein. Was um alles in der Welt sollte also dieser Spruch: *„Er muss vorsichtig wieder aufgebaut* *werden*"? Diese Zweibeiner sprachen mal wieder in Rätseln! Jenny kam in meine Box und kniete sich zu mir ins Stroh. Sie weinte, während sie liebevoll meinen Kopf kraulte. Auch Tim kullerten Tränen über die Wangen. Die Eltern der Kinder knautschten ihre Gesichter zusammen, so wie es nur Zweibeiner können. Das ist übrigens eine seltsame Gabe – wenn Menschen etwas bedrückt oder betroffen macht, können sie ihre Gesichter so verbiegen und zerknautschen, dass man schon zweimal hinsehen muss, um sie zu erkennen. Das hatte mich schon immer sehr beeindruckt.

„Wie lange muss er hierbleiben?", hörte ich Jennys Vater fragen. Der Arzt zögerte kurz. „Das ist schwer zu sagen. Zunächst braucht er einige Tage Boxenruhe, danach wäre ein Training im Aquatrainer empfehlenswert, um ihn schonend wieder aufzubauen. Allerdings ist das nicht ganz billig. Am besten, ich zeige Ihnen das zuerst einmal, und dann unterhalten wir uns in Ruhe in meinem Büro darüber." Dann verschwanden die Zweibeiner und ich blieb verwirrt zurück. „Boxenruhe" hatte ich ja damals bei Heike schon kennengelernt – mehr als mir lieb war. Aber was um alles in der Welt sollte ein „Aquatrainer" sein? Und warum hatte der Knilch nicht gesagt, wie lange hier hierbleiben musste? Warum hatte er nicht gesagt, wann ich wieder gesund sein würde? Warum hatte er nicht gesagt, ob ich überhaupt wieder ganz gesund werden würde? Ich vermisste meine Freunde! Ich vermisste Maddi! Und überhaupt – ich wollte nach Hause! Aber es half nichts, meine Zweibeiner waren mir dem Arzt verschwunden und ich schlief wieder ein.

Schicksale und Krankengeschichten

Die Pferdeklinik war sehr modern eingerichtet und es war richtig viel los. Ich konnte nur darüber staunen, wie viele Pferde hier ein und aus gingen und was Pferden so alles passieren kann. Der Tierarzt hatte mir für eine ganze Weile war Boxenruhe verordnet, aber da hier so viel los war, ging die Zeit dennoch relativ schnell um. Ich lernte viele neue Pferde kennen, die mit den unterschiedlichsten Krankheiten und Verletzungen hier her kamen. Während die Pferde davon berichteten, fiel mir auf, dass oftmals unachtsame Zweibeiner schuld daran waren, wenn Pferde sich verletzten, oder krank wurden. Nico, ein hellbrauner Wallach zum Beispiel, war hier, weil die Zweibeiner Futtersäcke offen herumstehen ließen. Da wir Pferde uns in aller Regel sehr wenig mit medizinischen Details auskennen, ahnte Nico nicht, dass ihm zu viel Futter heftige Bauchschmerzen (sogenannte „Koliken") und Schlimmeres bescheren würde. Also freute sich Nico einfach über das ungewohnt üppige Nahrungsangebot und fraß. Er fraß, bis sein Bauch so sehr schmerzte, dass er glaubte, sterben zu müssen. So war er in dieser Pferdeklinik gelandet.

Polly, eine dicke kleine Fuchsstute, war ebenfalls wegen ihrer Fresslust und der Unachtsamkeit ihrer Zweibeiner hier. Sie war dafür bekannt, extrem verfressen zu sein und alles, was halbwegs essbar schien, wie ein Staubsauger aufzunehmen. Ihre Besitzerin nutzte Pollys Fressgier, indem sie ihr mit Hilfe ihrer Lieblings-Leckerlis kleine Kunststücke beibrachte. Das allein wäre nicht schlimm gewesen, wenn Pollys

Besitzerin auf die Leckerlitüte achtgegeben hätte. Doch sie ließ die verführerisch duftende Tüte in Pollys Reichweite liegen, während sie mit einer anderen Reiterin quatschte. Die verfressene Fuchsstute konnte der Versuchung nicht widerstehen und schnappte sich die Tüte. Doch leider war Polly so gierig, dass sie die Plastiktüte gleich mit fraß – das brachte ihr eine Notoperation ein, denn der Plastikbeutel hatte sich so unglücklich im Darm verknotet, dass er den Ausgang nicht mehr fand und Polly ohne Operation gestorben wäre.

Grandioso, ein sehr imposanter, aber – ganz im Gegensatz zu Paolo - sehr freundlicher Schimmelhengst spanischer Abstammung war in der Klinik gelandet, weil ein unachtsamer Zweibeiner das Tor seiner Weide nicht richtig verschlossen hatte. Der Hengst nutzte die Gelegenheit, um sich die Umgebung anzusehen, und wurde dabei von einem Auto angefahren. Zum Glück hatte ihn das Auto nur leicht gestreift, sodass Grandioso gute Chancen hatte, wieder ganz gesund zu werden und bald wieder zu seinen Freunden zu dürfen.

Sally, eine hübsche kleine Ponystute, war in der Klinik, weil ihre Besitzer sie nicht richtig an die Wiese gewöhnt hatten. Man hatte sie lange Zeit gar nicht auf die Wiese gelassen, und dann von heute auf morgen den ganzen Tag auf eine fette, saftige Wiese gestellt. Solche plötzlichen Futterumstellungen bekommen uns Pferden gar nicht gut, sie können uns unter Umständen sogar umbringen. Die Ponystute Sally hatte durch die plötzliche Futterumstellung einen Hufreheschub bekommen. Das ist eine sehr, sehr schmerzhafte Geschichte. Sally hatte so starke Schmerzen, dass ihr schon das bloße Stillstehen wehtat, an Laufen war gar nicht zu denken. Und alles nur, weil ihre Zweibeiner nicht gut genug aufgepasst hatten, oder einfach zu wenig über Pferde wussten.

Schwerere Verletzungen trug auch Billy Blue durch die Unachtsamkeit seiner Zweibeiner davon. Billy Blue war ein Pinto, das heißt, er hatte geschecktes Fell. Der Unfall, der ihn hier hergebracht hatte, ereignete sich auf dem Putzplatz, an dem die Leute ihre Pferde anbanden, um sie zu putzen und zu satteln. Jemand hatte ein Halfter auf dem Boden liegen lassen, ohne es vom Anbindestrick zu lösen. Und da der Anbindestrick noch an dem stabilen Haken in der Wand befestigt war, wurde ein harmloses Halfter Billy Blue zum Verhängnis: Er trat versehentlich in das achtlos liegen gelassene Halfter hinein und erschrak, als er es an seinen Beinen spürte. Als Fluchttiere mögen wir Pferde es ja in der Regel nicht so gern, wenn sich etwas um unsere Beine wickelt. Billy Blue stampfte nervös hin und her, wobei sich Strick und Halfter immer mehr um seine Beine wickelten. Die ungewohnte Fußfessel versetzte ihn in Panik und er wollte sie nur noch loswerden. Wir Pferde wissen um unsere Kräfte, aber dummerweise überschätzen wir sie manchmal. So zog und strampelte Billy Blue und riss mit aller Kraft an seiner Fußfessel, doch der stabile Wandhaken gab nicht nach. Stattdessen gaben seine Knochen nach – Billy Blue brach sich ein Bein. Zum Glück ist es dank der modernen Medizin nicht immer unbedingt ein Todesurteil, wenn sich ein Pferd ein Bein bricht. Es kommt immer darauf an wie, wo, und was genau gebrochen ist. Doch, auch wenn Billy Blue es überlebt hat – sein Unglück und all seine Schmerzen wären mit einem einzigen Handgriff vermeidbar gewesen. Hätte man nur das Halfter vom Strick gelöst, oder es weg geräumt, wäre Billy Blue nicht in der Klinik gelandet. Es sind manchmal so kleine Dinge, so kleine Unachtsamkeiten, die so schwere Folgen haben können. Es waren erschreckend viele Pferde in dieser Klinik, weil ihre Menschen einfach nicht gut genug auf sie aufgepasst hatten. Ich könnte euch noch von vielen Pferdeschicksalen berichten, aber ich möchte euch auch nicht mit Krankengeschichten langweilen.

Natürlich waren aber auch einige Pferde in der Klinik, deren Unglücke nicht zu verhindern waren. Manchmal passieren eben Unfälle, die nicht zu vermeiden sind. Bandolero gehörte zu denen, die mit einem solchen Unfall einfach Pech gehabt hatten. Für seine Verletzung konnte man keinen Zweibeiner verantwortlich machen, er war einfach ganz unglücklich ausgerutscht. Ihn lernte ich kennen, als ich auch endlich erfuhr, was es mit diesem „Aquatraining“ auf sich hatte. Irgendwann – ich weiß nicht mehr genau, wie viele Tage vergangen waren - kam eine Pferdepflegerin und holte mich aus der Box. Zunächst hatte ich gehofft endlich wieder nach Hause zu dürfen, doch die Pflegerin führte mich nicht zum Anhänger, sondern einen langen Gang entlang. Ich lahmte immer noch recht stark, aber wenigstens konnte ich inzwischen wieder auftreten. Je weiter sie mich diesen Gang entlang führte, desto mehr roch es nach Wasser. Als dann am Ende des Ganges eine große Tür geöffnet wurde, stockte mir der Atem. So seltsame Dinge hatte ich noch nie gesehen! Da stand eine seltsame Wanne, die von Größe und Form fast ein klein wenig an einen Pferdeanhänger erinnerte, aber die Wanne hatte weder ein Dach, noch Räder. Es roch seltsam nach Wasser und einem anderen Geruch, den ich noch nie zuvor gerochen hatte. Leicht summende Geräusche drangen in meine feinen Ohren. Ich stoppte, und starrte die seltsame Wanne an. Was um alles in der Welt hatten diese Zweibeiner jetzt wieder mit mir vor? Mein Herz pochte, die Gedanken rasten durch meinen Kopf. War das etwa die gefürchtete „Schlachtbank?“ Ich hatte diesen Begriff schon öfter von anderen Pferden gehört, aber kein Pferd hatte beschreiben können, wie eine „Schlachtbank“ aussieht. Es war ein Wort, das man unter Pferden kaum auszusprechen wagte. Es war so gefürchtet, weil man die Pferde, die zur „Schlachtbank“ geführt wurden, danach nie wieder sah. So konnte auch kein Pferd ganz genau sagen, was eine Schlachtbank war, wie sie aussah, oder was dort passierte, aber alle fürchteten sie. War das, was ich nun vor mir sah, also die gefürchtete „Schlachtbank“? Mir schwante Böses.

„Keine Angst Kumpel, das ist halb so schlimm.“ Ich zuckte erschrocken zusammen, als ich die Stimme hörte. Noch mehr erschrak ich, als ich das glühend rot leuchtende Pferd sah, dem die Stimme gehörte. Mein Herz pochte lauter. Ein rot leuchtendes Pferd? Eine seltsame Wanne, möglicherweise sogar die gefürchtete Schlachtbank? Das rot leuchtende Pferd – der Teufel persönlich? Der Pferdegott? Der Himmel? Die Hölle? Ich war verwirrt. Ja, ich war der große Geronimo, der schon im zarten Alter von 20 Tagen das gefährliche Knistermoster besiegt hatte. Das gefährliche Monster, das unsere kleine Herde in Angst und Schrecken versetzt und sogar unseren tapferen Müttern Angst eingejagt hatte. Ich war der Geronimo, der weder vor bunten Hindernisstangen, noch vor wehenden Flatterbändern, Wippen oder sonstigem Kram

Angst hatte. Der Geronimo, der sich furchtlos allem in den Weg stellte, was gefährlich aussah. Nicht einmal das Feuer scheute ich, darum hatte man mich sogar schon als Sankt Martinspferd eingesetzt. All das trug ich furchtlos und gelassen. Aber *das hier* ging eindeutig zu weit! Dieses Höllenszenario war mir unheimlich - *richtig* unheimlich!

„Komm schon rein, es passiert dir nichts", forderte das gruselig rot glühende Wesen in Pferdegestalt. Das beruhigende Gesäusel der Pferdepflegerin neben mir nahm ich kaum wahr. Ebenso wenig, wie die anderen beiden Pfleger, die nun vorsichtig versuchten mich anzuschieben.

„Das Aquatraining macht Spaß und hier unter dem Solarium ist es angenehm warm", erklärte das rote Pferd. Ich zögerte und überlegte kurz. Um wegzulaufen, war ich mit meinem Humpelbein nicht schnell genug. Abgesehen davon war es nicht meine Art einfach wegzulaufen. Ich war noch nie weggelaufen. Früher nicht und jetzt schon gar nicht! Also fasste ich mir ein Herz und trat einen Schritt näher. „Braaav!", lobte die Pferdepflegerin sofort. Die anderen beiden Pfleger klopften sanft und aufmunternd meine Flanken. Ich ignorierte sie und wandte mich an die seltsame Pferdegestalt: „Wer bist du und warum glühst du so rot?"

Die Frage schien ihn zu amüsieren. Er nickte mit dem Kopf auf und ab und erklärte lachend: „Ich glühe nicht, das ist nur das Licht. Die Rotlichtlampen erzeugen Wärme, so wird unser Fell schneller trocken, wenn wir aus dem Wasser kommen. Man könnte sagen, es ist so ähnlich, wie eine künstliche Sonne."

Dann fügte er noch schnell hinzu: „Mein Name ist übrigens Bandolero. Ich bin schon eine ganze Weile hier und kann dir alles erklären. Glaub mir, das Aquatraining macht wirklich Spaß.“

Nun wurde ich langsam doch neugierig auf die Sache und folgte der Pferdepflegerin artig in die seltsame Wanne. Dass sie vorne wieder aus der Wanne heraus kletterte, fand ich zwar nicht ganz fair, aber ich protestierte auch nicht. Viel Zeit zum Protestieren wäre mir auch gar nicht geblieben, denn plötzlich begann sich der Boden unter meinen Hufen zu bewegen. Erschrocken riss ich die Augen auf und spannte meinen ganzen Körper an. Die Pferdepfleger, die rechts und links neben mir standen schnalzten mit der Zunge und forderten mich freundlich, aber bestimmt auf, meinen Prachtkörper in Bewegung zu setzen. Wie um alles in der sollte ich das machen? Als Pferd ist man es gewöhnt voran zu schreiten, hier aber bewegte sich der Boden unter mir – und zwar nach hinten! Und wenn ich lief, kam ich gar nicht von der Stelle. Ein sehr seltsames Gefühl. Unsicher und verspannt marschierte ich los, was mir sofort wieder Lob von den Pflegern einbrachte. Eine Pflegerin steckte mir Leckerlis zu. Zu meinem eigenen Erstaunen dauerte es nur wenige Minuten, bis ich den richtigen Rhythmus fand und mich auf dem Laufband bewegte, als hätte ich nie etwas anderes gemacht.

„Na also, das klappt doch schon prima“, lobte Bandolero von seiner rot glühenden Zuschauertribüne aus. „Nicht erschrecken Kumpel, gleich kommt noch Wasser hinzu.“ Bandolero hatte den Satz noch nicht ganz vollendet, als es von unten schon blubbernde Geräusche machte. Nach und nach füllte sich die

Wanne mit lauwarmem Wasser, und je höher das Wasser stieg, desto leichter fühlte ich mich. Das warme Wasser trug einen Teil meines Körpergewichts, sodass ich plötzlich fast schmerzfrei laufen konnte. Bandolero hatte Recht gehabt, dieses Aquatraining machte wirklich Spaß! Ich war sehr froh, mich nach der langen Zeit der Boxenruhe wieder bewegen zu dürfen und freute mich, dass meine Verletzung mir beim Laufen im Wasser kaum Schmerzen bereitete. Allerdings war das Laufen auf diesem Unterwasserlaufband anstrengender, als ich es mir vorgestellt hätte. Schon nach wenigen Minuten war ich so erschöpft, als wäre ich eine Stunde geritten worden und das erste Training beendet. Man führte mich unter das Solarium, wo ich nun neben Bandolero die wärmenden Rotlichtstrahlen genießen durfte. Zwischen uns befand sich eine Trennwand, doch wir konnten uns gegenseitig sehen und uns bequem unterhalten. Ich leuchtete jetzt genau so rot wie er. Vielleicht sogar noch ein bisschen gruseliger, weil das rote Licht auf meinem weißen Fell noch mehr zur Geltung kam, als auf seinem braunen Pelz.

„Wir werden uns jetzt sicher täglich sehen“, erklärte Bandolero, denn hier läuft alles streng nach Plan. Das Pferd, das sonst immer nach mir aufs Laufband kam, durfte gestern wieder nach Hause. Er war auch jeden Tag zur gleichen Zeit hier, jetzt bist du an seine Stelle gerückt.“

Bandolero sollte Recht behalten, wir trafen uns von diesem Tag an täglich zur gleichen Zeit in diesem Raum. So hatten wir viel Gelegenheit miteinander zu plaudern. Neugierig, wie ich nun mal bin, fragte ich ihn gleich am zweiten Tag nach seinem Job.

„Ich bin ein Rennpferd“, erklärte er stolz, „ein ziemlich erfolgreiches sogar.“ Ich dachte an Maddi und an die traurige Geschichte mit ihrem Bruder Maurice. „Oh je, du Ärmster“, sagte ich mitfühlend, „dann darfst du auch nicht galoppieren?“

„Machst du Witze?“ Bandolero schien über meine Frage empört zu sein. „Ich *muss* galoppieren! Wie sollte ich sonst ein Rennen gewinnen?“ Er schüttelte den Kopf, schnaubte kurz, und klärte mich dann auf. Rennpferd ist nämlich nicht gleich Rennpferd. Bandolero war – im Gegensatz zu Maddi und ihrem Bruder Maurice - kein Traber, sondern ein Galopper. Er lief und gewann seine Rennen also nicht im Trab, sondern im Galopp. Irgendwie erschien mir das auch logischer, denn ich konnte im Galopp auch wesentlich schneller laufen, als im Trab. Der schlanke, aber sehr muskulöse Bandolero geriet ins Schwärmen, als er mir von seinem Job erzählte. Er liebte seine Aufgabe über alles und er liebte die Menschen, die ihn pflegten und betreuten. Aber auch er wusste Geschichten von anderen Galoppern zu berichten, die es weniger gut angetroffen hatten als er. Pferde, die viel zu jung schon arbeiten mussten, überfordert, geschlagen und psychisch oder körperlich kaputtgemacht wurden. So bestätigte sich auch im Gespräch mit diesem edlen Rennpferd wieder, was ich schon vor langer Zeit herausgefunden hatte: Was auch immer die Zweibeiner mit uns anstellten, welchen Job sie uns auch immer zuteilten, unser Schicksal lag immer in ihrer Hand.

Bandolero wünschte sich nichts sehnlicher, als eines Tages wieder Rennen laufen zu können, aber es war ungewiss, ob das nach seiner Verletzung je wieder möglich sein würde. So unterschiedlich konnten

Pferdwünsche sein! Während Maddi froh war, nie wieder eine Pferderennbahn sehen zu müssen, wünschte sich Bandolero nichts sehnlicher, als wieder auf die Rennbahn zurückkehren und Rennen laufen zu können. Bei Rennpferden schien es also nicht anders zu sein, als bei Springpferden, Dressurpferden, Wanderreitpferden, Westernpferden und was es sonst noch alles gab – es lag immer allein an den Menschen, ob der Job eine Freude, oder eine Tortour bedeutete.

Und zu allem Überfluss gab es auch noch Schicksalsschläge, die alles durcheinanderbringen konnten. Wie zum Beispiel bei Bandolero. Da war er nun eines der wenigen glücklichen Pferde, die ihren Traumjob und nette Besitzer hatten, dann rutschte er einmal blöd aus, und schon war sein Schicksal ungewiss. Niemand wusste, ob er je wieder Rennen laufen könnte, und niemand wusste, was mit ihm passieren würde, wenn er keine Rennen mehr laufen konnte. Das Leben konnte manchmal so verflixt ungerecht zu uns Pferden sein!

Dabei drängte sich auch die Frage auf: Was würde eigentlich aus mir werden? Der Tierarzt hatte am Tag nach der Operation auch über mich gesagt: „Man kann noch nicht sagen, ob er je wieder richtig geritten werden kann.“ Was wäre also, wenn ich wirklich nicht mehr geritten werden könnte? Jenny, Tim und ihre Eltern kamen regelmäßig in die Klinik, um mich zu besuchen. Sie liebten mich, daran zweifelte ich nicht. Aber was wäre, wenn sie mich nie mehr reiten könnten? Würden sie mich trotzdem behalten? Und wenn nicht? Wer würde mich kaufen? Alle Menschen, die ich bisher kennengelernt hatte, hielten sich Pferde, um auf ihnen reiten zu können. Oder sie vor eine Kutsche zu spannen. Ob ich ein Kutschpferd werden würde? Würde ich überhaupt eine Kutsche ziehen können, wenn ich nicht mehr zum Reitpferd taugte? Es waren sehr viele Fragen, die mir so durch den Kopf schwirrten. Fragen, auf die ich beim besten Willen keine Antworten finden konnte.

Meine Sorgen stellten sich bald als unbegründet heraus. Ich machte gute Fortschritte, und meine schwere Verletzung heilte besser, als es die Ärzte je erwartet hatten. Als der Tierarzt Jenny und ihren Eltern dann eines Tages erklärte, dass ich vielleicht sogar wieder ganz gesund werden würde, führte Jenny einen wilden Freudentanz auf. Auch ich war sehr erleichtert über diese gute Nachricht, verzichtete aber auf den Freudentanz. Schließlich musste mein Bein noch geschont werden.

Für meinen neuen Freund Bandolero, den ich inzwischen sehr lieb gewonnen hatte, gab es eine gute und eine schlechte Nachricht. Die schlechte Nachricht lautete, dass seine Karriere als Rennpferd wohl für immer beendet war. Er durfte keine Rennen mehr laufen, aber immerhin noch leicht geritten werden. Seine Besitzer standen zu ihm und ließen ihn nicht im Stich. Auch wenn er jetzt kein Geld mehr als Rennpferd für sie verdienen konnte, wollten sie ihn behalten und alles dafür tun, dass es ihm gut ging. Ich war sehr erleichtert, als ich das hörte, denn er war ein wirklich netter Kerl. Einige Tage, nachdem Bandolero wieder nach Hause durfte, wurde auch ich endlich wieder aus der Pferdeklinik entlassen.

Ich konnte es kaum erwarten, meine Freunde wieder zu sehen. Ganz besonders freute ich mich natürlich auf Fidel und Maddi. Und ich hoffte, dass nun endlich mal wieder eine etwas ruhigere Zeit bevorstehen würde. Nach den turbulenten Ereignissen der letzten Monate hätte ich nichts gegen eine Phase ohne Katastrophen einzuwenden gehabt. Ich ahnte ja nicht, was noch alles auf uns zukommen sollte …

Besuch in der Nacht

Die Freude war groß, als ich endlich wieder zu Hause ankam. Fidel, Maddi, und einige andere Pferde wieherten mir schon von Weitem freudig entgegen, als der Pferdeanhänger auf den Hof rollte. Zu meiner Überraschung hörte ich aber nichts von Paolo, dem alten Angeber. Nicht, dass ich meinen ärgsten Feind vermisst hätte – aber ich wunderte mich schon drüber, seine Hengstwiese und seine Box leer vorzufinden. Nicht einmal sein Geruch hing mehr in der Luft. „Seine Besitzerin hat ihn mitgenommen“, erklärte mir Fidel später, „man munkelt, sie habe ihm eine eigene Stute gekauft, mit der er jetzt zusammen auf einem Bauernhof steht“. Das war eine gute Nachricht! Auch wenn Paolo mich immer geärgert, und mich zuletzt so übel zugerichtet hatte, so freute ich mich dennoch aufrichtig für ihn. Es war gemein gewesen, ihn immer in die Einsamkeit zu verbannen. Er hatte darunter gelitten, dass seine Hormone verrückt spielten und er immer von den anderen Pferden isoliert war. Und wenn ihm seine Besitzerin jetzt tatsächlich eine eigene Stute gekauft hatte, dann war das eine wirklich gute Nachricht. Ich gönnte ihm so viele Stuten, wie er haben wollte – solange es nicht meine Maddi war!

Meine Verletzung war gut ausgeheilt und machte auch keine Probleme, als Jenny wieder mit dem Reittraining begann. So übel es anfangs auch ausgesehen hatte, es schien gerade noch einmal gut gegangen zu sein. Den Herrn und Meister über das Knistermoster kriegt eben auch ein aufgeblasener Hengst wie Paolo nicht klein!

Jenny und Tim waren natürlich auch froh, mich wieder bei sich zu haben, denn während ich in der Pferdeklinik war, hatten die beiden sich meinen Freund Fidel teilen müssen. Und damit war natürlich wieder der alte Streit entbrannt, den es früher um mich gegeben hatte. Die Beiden hatten sich täglich darum gezankt, wer Fidel wann wie lange reiten darf, und stritten darüber, wer ihn denn nun besser reiten konnte. Zur Erleichterung aller kehrte mit meiner Rückkehr wieder Ruhe ein. Jenny hatte wieder mich, Tim hatte Fidel wieder für sich, und ihre Eltern waren froh, dass die Streitereien endlich ein Ende hatten. Es kehrte wieder Alltag ein und niemand ahnte, dass uns schon bald ganz andere Sorgen bevorstehen würden.

„Ronny! Ronny, wach auf! Hörst du denn nicht?“ Es war Fidels Stimme, die mich in jener Nacht unsanft aus dem Schlaf riss. Er klang sehr beunruhigt, um nicht zu sagen alarmiert. Ich hatte gerade von Maddi und einer saftigen Wiese geträumt und war wenig begeistert, von Fidel aus meinen schönen Träumen gerissen zu werden. „Was ist denn?!“, fragte ich unwirsch. „Da sind Leute“, kam es zaghaft zurück.

„Erstens brauchst du nicht zu flüstern, weil uns die Zweibeiner sowieso nicht hören können, wenn wir reden“, wies ich ihn zurecht, „und zweitens, wirst du ja wohl keine Angst vor Menschen haben, oder?“ Ich zweifelte an seinem Verstand und versuchte ihn zu beruhigen: „Wahrscheinlich hat irgendjemand was im Stall vergessen. Du weißt doch, wie vergesslich diese zweibeinigen Wesen sind! In ihre kleinen Köpfe passt eben einfach nicht alles rein, was sie sich merken müssen! Sie vergessen was, und dann kommen sie eben zurück, um es zu holen. Das ist doch nichts Ungewöhnliches. Jenny hatte auch schon mal ihren Haustürschlüssel in meinem Putzkoffer vergessen und musste ihn dann holen. Zweibeiner sind halt so. Vielleicht hat auch irgendjemand vergessen, wie sein Pferd aussieht, und will noch mal gucken, was weiß denn ich!“

„Nein“, widersprach Fidel hörbar besorgt, „es ist mitten in der Nacht! Da kommt niemand, der nur etwas vergessen hat. Und es sind auch keine Schritte, die ich kenne. Das sind fremde Leute!“

Der Lichtstrahl einer Taschenlampe blendete mir direkt in die Augen. „Trottel!“, schimpfte ich, auch wenn ich wusste, dass es vergeblich war, weil der Zweibeiner es sowieso nicht hören würde. Dann hielt mir jemand ein Stück Apfel vor die Nase. Na, wenigstens eine kleine Entschädigung für die nächtliche Störung, dachte ich, und griff zu. Köstlich! Es war sogar meine Lieblings-Apfelsorte. Süß und saftig, genau so, wie ich sie mochte. Inzwischen hatten sich vier Männer im Stall verteilt, die von Box zu Box liefen, um die Pferde mit Apfelstückchen zu verwöhnen. Ich wunderte mich zwar über diesen seltsamen Mitternachtssnack, aber es war ja beileibe nicht das erste Mal, dass Zweibeiner Dinge taten, über die man sich als Pferd nur wundern kann. Also nahm ich es nicht weiter ernst.

„Hier stimmt was nicht“, zeterte Fidel, „Ronny, hier stimmt was nicht!“ Ein bisschen Weichei ist er doch geblieben, dachte ich bei mir, und genau in diesem Moment wurde mir schwindlig. Meine Augenlider wurden schwer, ich fühlte mich plötzlich sehr schläfrig – fast so schläfrig, wie nach den Spritzen, die ich in der Klinik bekommen hatte. Die Lichter der Taschenlampen Männer tanzten vor meinen Augen hin und her, es fiel mir schwer, noch klar zu sehen. Warum machten diese Trottel nicht einfach das Licht an? Wie durch einen wabernden Nebel vernahm ich das Hufgetrappel einiger Stallgenossen, die jetzt über den Hof geführt wurden. Dann klangen ihre Schritte dumpf, so als würden sie über dicke Holzbohlen laufen. Träumte ich das alles? Was war hier los? Und warum fühlte ich mich so komisch? Warum waren nur diese wildfremden Männer hier? Warum war niemand bei ihnen, der uns vertraut war? Wo war Jenny, wo waren ihre Eltern? Wo waren die nette Reitlehrerin und die Stallbesitzerin? Und warum machten diese komischen Männer nicht endlich das Licht an? Ihr Gefuchtel mit den Taschenlampen machte mich ganz kirre im Kopf!

Einer der Männer packte mich grob, streifte mir ein Halfter über, und zerrte mich wortlos aus dem Stall. Widerstandslos, aber auf sehr wackligen Beinen, folgte ich ihm über den Hof bis zu einem LKW, der am Waldrand geparkt stand. Einige meiner Freunde standen schon auf dem LKW, auch Maddi war dabei.

„Ronny, mir ist ganz komisch", jammerte die hübsche Stute, die sonst so stark und anmutig war. Jammern war eigentlich gar nicht ihre Art. Ich hatte Mühe, die steile Rampe des LKW hinauf zu klettern. Meine Beine waren schwer und wackelig, sie wollten mir kaum gehorchen. Ich taumelte fast so durch die Gegend, wie man es manchmal bei den Menschen sah, wenn sie feierten und komisch riechende Getränke zu sich nahmen. Was war nur mir los? Der übel riechende Kerl, der mich auf den LKW geführt hatte, band hektisch und ungeschickt den Strick fest. Sein Atem ging keuchend und roch sehr unangenehm, um nicht zu sagen, er stank fürchterlich.

„Welchen soll ich jetzt holen?“, fragte ein anderer Mann. „Frag nicht so blöd, nimm einfach irgendeinen, den du schnell packen kannst!“, kam die unfreundliche Antwort. „Die Gäule werden doch sowieso alle geschlachtet! In 24 Stunden sind sie Sauerbraten und Salami, da ist es doch völlig egal welchen du nimmst, du Trottel!“ Er lachte hämisch und pustete mir dabei noch mehr von seinem übel riechenden Atem ins Gesicht. „Beeil dich!“, rief er dem anderen nach, „einer noch, dann ist die Ladung komplett. Der Schlachter wetzt sicher schon die Messer“. Wieder ertönte sein hämisches Lachen.

Schlachter? Geschlachtet? Bei diesen Worten schrillten alle Alarmglocken in mir! Obwohl meine Sinne immer noch vernebelt waren, wurde mir plötzlich schlagartig klar, was dieser nächtliche Besuch zu bedeuten hatte. Diese Kerle hatten uns mit den Äpfeln irgendwelche Beruhigungsmittel verabreicht und wollten uns klauen! Ich hatte irgendwann schon einmal davon gehört, dass Pferdediebstahl viel weiter verbreitet ist, als man denkt. Es gibt Zweibeiner, die Pferde von Wiesen und aus Ställen stehlen, um sie dann irgendwo heimlich zu verkaufen. Und viele von diesen widerlichen Pferdedieben fahren die Beute ihre Raubzüge direkt zu einem Schlachter, um möglichst wenig Spuren zu hinterlassen und schnelles Geld zu verdienen. Ich war entsetzt! Diese miesen Typen wollten uns also tatsächlich alle klauen, um uns an einen Schlachter zu verscherbeln! Ich blickte zu Maddi, die mit schläfrigen Augen neben mir stand. Verzweifelt begann ich an dem Anbindestrick zu reißen und zu zerren, doch er gab nicht nach. Wenn ich nur diesen verflixten Apfel mit diesem komischen Mittel nicht gefressen hätte! Vielleicht wäre ich dann stark genug gewesen? Warum sind wir Pferde auch bloß so verfressen! Wegen eines blöden Apfelstückchens, wegen ein paar Sekunden Genuss waren wir diesen Pferdedieben auf den LKW gefolgt, die uns jetzt an den nächstbesten Schlachter verkaufen wollten. Wie konnte ich nur so blöd sein? Ich konnte doch nicht zulassen, dass diese Kerle uns jetzt zum Schlachter brachten! Meine Freunde, meine Maddi – mich! Wieder zerrte ich verzweifelt an dem Strick, versuchte mich mit aller Kraft zu befreien, doch ich war zu schwach, zu benebelt von diesem Betäubungsmittel, das man mir mit dem Apfel gegeben hatte. Ich fühlte, wie mir der kalte Schweiß ausbrach. In diesem Moment wurde Fidel an den LKW geführt.

„Wehr dich!“, rief ich ihm zu, „du darfst auf keinen Fall auf den LKW kommen! Die bringen uns zum Schlachter!“ Wie erstarrt blieb Fidel stehen. „Wehr dich, Fidel!“, forderte ich eindringlich, „tritt die Kerle, beiß sie, lauf weg! Egal was, aber komm auf keinen Fall auf diesen LKW!“

Für einen Moment dachte ich, Fidel würde vor lauter Schreck auf der Stelle tot umfallen. Er reagierte gar nicht mehr. Ein Denkmal hätte nicht stiller da stehen können als er. Mein bester Freund sah aus, als wäre er tot, und hätte nur vergessen, rechtzeitig umzufallen. Panik stieg in mir auf. Er durfte jetzt nicht schlappmachen! Ich fragte mich, ob er überhaupt begriffen hatte, was hier passierte, oder ob ihm dieser präparierte Apfel so die Sinne vernebelt hatte, dass er meine

Worte gar nicht hören konnte. Oder ob er tatsächlich tot war, und vergessen hatte umzufallen? Ich war mir nicht sicher. Es schien alles so unwirklich, so unglaublich, wie ein schlechter Traum. Ein sehr schlechter Traum. Ich fühlte mich elend, sah alles leicht verschwommen und hatte große Mühe, mich auf den Beinen zu halten.

„Beeilung!“, zischte der übel riechende Kerl, „rauf mit dem Gaul und dann nix wie weg hier, bevor noch einer kommt!“ Fidel rührte sich noch immer nicht. Ich hielt die Luft an, denn ich befürchtete, dass er jeden Moment stocksteif umkippen würde und mit den Beinen nach oben liegen blieb. Einer der Männer holte weit aus und eine Peitsche zischte durch die Luft. Als das Peitschenende mit voller Wucht auf Fidels Hinterteil aufschlug, machte er einen Satz nach vorn. Immerhin – er lebte noch! Zitternd stand er nun auf der steilen Verladerampe des LKW, traute sich weder vor, noch zurück.

„Wehr dich Fidel! Spring von der Rampe und lauf weg so schnell du kannst! Lauf um dein Leben! Du kannst es!“ Mein Herz pochte wild, ich hatte panische Angst um meinen Freund. „Fidel, du bist stärker, als diese stinkenden Kerle! Rette dich! Lauf Fidel, LAUF!“

Was dann passierte, werde ich wohl in meinem ganzen Leben nie wieder vergessen. Die Bilder habe ich noch ganz genau vor Augen. Auch wenn damals plötzlich alles blitzschnell ging, und meine Sinne von diesem Betäubungsmittel benebelt waren, kann ich mich noch an jede winzige Einzelheit dieser Sekunde erinnern: Fidel stand immer noch stocksteif und zitternd da, er sah immer noch aus, als würde er jeden Moment tot umfallen. Der Kerl holte erneut zu einem Peitschenschlag aus, dieses Mal noch weiter als zuvor. Ich hielt die Luft an, denn ich befürchtete, dieser Peitschenschlag würde Fidel direkt in den LKW katapultieren. Das Peitschenende zischte bedrohlich durch die Luft, den Schmerz, den es beim Aufprall verursachen würde, mochte man sich gar nicht vorstellen. Und dann ging plötzlich alles blitzschnell: Noch bevor das zischende Peitschenende Fidels Hinterteil erreichten konnte, bäumte sich Fidel kerzengerade auf, trat dem Mann, der ihn am Strick hielt mit einem Vorderhuf gegen den Kopf, sprang fast im gleichen Moment auch mit den Hinterbeinen in die Luft, und traf den Peitschenschwinger mit solcher Wucht, dass der meterweit durch die Luft geschleudert wurde. WOW! Was für ein Teufelskerl von Pferd dieses kleine Weichei doch sein konnte! Kein Kung-Fu Film, kein Action- und kein Karatefilm der Welt, hätte eine annähernd so spektakuläre Szene bieten können wie diese. Es war wirklich das Unglaublichste, was ich je gesehen hatte! Und dann auch noch ausgerechnet von Fidel! Dem kleinen Fidel, der früher selbst vor einfachen Hindernisstangen, einer Maus und einem Blatt Papier Angst hatte! Ausgerechnet dieser kleine Fidel schlug jetzt mit einer wahren Teufelskapriole zwei Pferdediebe gleichzeitig K.O. – das war unfassbar! Es war mir ein Rätsel, wo der Zwerg so urplötzlich diese unbändige Kraft und die atemberaubende Reaktionsschnelligkeit hernahm.

Viel Zeit zum Staunen blieb uns allerdings nicht. Der Anführer der Diebesbande sammelte eilig seine verletzten Kumpanen ein, schloss die Rampe des LKW und raste los. Fidel ließ er zurück. Wir hörten meinen tapferen Freund noch laut wiehernd über den Asphalt galoppieren, als der LKW rasant um die Ecke bog. Ich fragte mich, ob ich Fidel wohl jemals wiedersehen würde. Und ich fragte mich, ob ich überhaupt irgendeinen meiner Freunde jemals wiedersehen würde. Nach allem, was ich über das gefürchtete Wort „Schlachter“ gehört hatte, standen die Chancen nicht besonders gut, nach dem Schlachter überhaupt jemals noch irgendwas zu sehen.

Mühsam versuchte ich, meine Gedanken zu sortieren. Die Fahrt schien schon ewig anzudauern, dennoch drehte sich immer noch alles in meinem Kopf. Einerseits machte mich dieses Betäubungsmittel immer noch ganz schläfrig und willenlos, anderseits hatte ich alle Hufe voll zu tun, um mich überhaupt auf den Beinen halten zu können. Der Fahrer des LKW nahm keinerlei Rücksicht auf uns, sein Fahrstil war alles andere als pferdefreundlich. In jeder Kurve wurden wir hin und her geschleudert, konnten uns kaum auf den Beinen halten. Einige strauchelten immer wieder, Maddi hatte ihren Kopf müde auf den Anbindebalken gestützt und kämpfte tapfer dagegen an, dass ihr immer wieder die Beine wegrutschten.

Trotz dieser widrigen Umstände versuchte ich fieberhaft, mich zu konzentrieren. Ich konnte doch nicht zulassen, dass meine Freunde – allesamt kerngesund und lebensfroh – einfach so geschlachtet wurden! Meine Maddi! Ich! Nein, ich musste mir was einfallen lassen. Immerhin war ich der Herdenchef, meine Kumpels vertrauten mir. Aber was konnte ich tun? Wir waren alle angebunden, der LKW war rundum verschlossen und in voller Fahrt. Es war einfach unmöglich, aus diesem klapprigen Vehikel zu entkommen. Wir konnten nur abwarten, bis wir bei dem Schlachter ankämen, und dort einen Fluchtversuch wagen. Ob ich auch so eine beeindruckende Karate-Kapriole hinkriegen würde, wie Fidel? Aber selbst wenn – was würde es nützen? Damit könnte ich höchstens zwei der üblen Kerle ausschalten, insgesamt waren es aber vier! Abgesehen davon war jedes Pferd auf dem LKW einzeln angebunden. Wie sollte ich sie befreien? Schließlich war es mehr als unwahrscheinlich, dass man uns alle gleichzeitig losbinden würde. Selbst wenn ich also zwei von den Ganoven mit der Fidel-Karate-Kapriole ausschalten könnte, würde das meinen Freunden nichts nützen. Die Lage war verzwickt. Während ich noch fieberhaft nach einer Lösung für unser Problem suchte, beschleunigte der klapprige LKW plötzlich so stark, dass wir alle wieder durch die Gegend geschleudert wurden. Was für ein Trottel sitzt denn da am Steuer?, schoss es mir in den Kopf. Meine Wut auf die rücksichtslosen Pferdediebe steigerte sich. Plötzlich heulten Sirenen auf. Die Sirenen kamen näher, wurden lauter und lauter. So laut, dass sie sogar das gequälte Heulen des alten LKW Motors übertönten.

„Ronny, ich habe Angst“, wimmerte eines der Pferde. Bei diesem Lärm konnte ich nicht einmal genau erkennen, welches Pferd es war. Der LKW bog scharf um die Kurve, der Weg wurde sehr holprig. Eines der Pferde brach zusammen, ich wurde hart gegen die Trennwand geschleudert. Die Sirenen wurden so laut, dass sie in meinen Ohren schmerzten. Was auch immer genau bei einem Schlachter passieren mochte, ich konnte mir kaum vorstellen, dass es schlimmer sein könnte, als diese Höllenfahrt! Und wenn das so weiterginge, würden wir wohl auch niemals erfahren, was genau bei einem Schlachter passiert, weil wir schon vorher tot wären, vermutete ich im Stillen. Die Sirene jaulte laut auf, sie schien jetzt direkt neben dem LKW zu sein. Im nächsten Moment gab es ein lautes Krachen und einen so heftigen Ruck, dass ich mit allen vier Hufen in die Luft gehoben wurde, um gleich darauf wieder brutal gegen die Trennwand geschleudert zu werden. Blech und Holzbalken krachten, der Lärm und das heftige Rumpeln auf der Ladefläche des LKW waren unerträglich. Dann war es für den Bruchteil einer Sekunde ganz still. War ich tot? Waren wir alle tot? Was um alles in der Welt bedeutet *tot* eigentlich ganz genau?

„Achtung, Achtung! Hier spricht die Polizei! Kommen sie mit erhobenen Händen aus dem Fahrzeug!" Die Stimme hatte einen seltsam blechernen Klang. „Sie haben keine Chance, ihr Fahrzeug ist umstellt! Kommen sie mit erhobenen Händen heraus!"

Hä? Wie soll ich das denn machen? Ich habe doch gar keine Hände! Ich war verwirrt. Redete die Blechstimme tatsächlich so wirres Zeug, oder war ich einfach nur zu fest mir dem Kopf aufgeschlagen? „Wir stehen", seufzte Maddi erleichtert. Sie zitterte am ganzen Körper, der Angstschweiß hatte ihr Fell völlig durchnässt. Die anderen Pferde sahen auch nicht besser aus. Erst jetzt bemerkte ich, wie feucht und stickig die Luft in dem schmutzigen LKW war. Von draußen hörten wir Stimmen, weitere Autos kamen heran gefahren. Autotüren wurden geöffnet und wieder zugeschlagen. Die Sirenen waren verstummt, doch die Geräuschkulisse um den LKW herum war zu verwirrend, um zu verstehen, was draußen passierte. Gespannt spitzte ich die Ohren, und versuchte herauszuhören, was da los war. Ich erkannte die Stimme des stinkenden Kerls, der mich auf den LKW gebracht hatte, hörte das Stöhnen der Kerle, die Fidel mit seiner Karate-Kapriole schachmatt gesetzt hatte. Es klang, als würde sie jemand in ein Auto sperren. „Sie sind verhaftet! Sie haben das Recht die Aussage zu verweigern … bla, bla, bla …“ Eine mir unbekannte Stimme redete Dinge, von denen ich nichts verstand und eigentlich auch gar nicht wissen wollte. Inzwischen war mir aber klar geworden, dass die Aufforderung „kommen Sie mit erhobenen Händen heraus“ auch nicht uns Pferden gegolten hatte. Das wäre ja auch noch schöner gewesen! Dennoch wuchs mein Ärger über die Situation immer mehr. Warum befreite uns nicht endlich mal jemand aus diesem engen, stickigen und stinkenden Gefängnis?

Wieder kam ein Auto heran gefahren, und endlich drang eine vertraute Stimme durch das Stimmengewirr – es war die Stimme unserer Stallbesitzerin: „Sind die Pferde alle da? Sind sie verletzt? Warum hat noch niemand nach den Pferden gesehen?“ Die Stimme klang vertraut, obwohl ich sie noch nie so ängstlich und aufgeregt gehört hatte. Endlich öffnete sich die Laderampe. Die Stallbesitzerin krabbelte zwischen den Pferden hindurch, um zu sehen, ob wir verletzt waren. Einige Pferde hatten sich ein paar Blessuren zugezogen, aber keines der Pferde war lebensgefährlich verletzt. Wir waren alle mit ein paar Schrammen davon gekommen.

Als wir endlich zurück in den Stall kamen, wurden wir von Fidel und den restlichen Pferdekollegen schon aufgeregt erwartet und freudig begrüßt. „Ich bin ja so froh, dass euch nichts passiert ist!“, wimmerte Fidel, „ich dachte, ich würde euch nie wiedersehen!“

„Du glaubst doch wohl nicht, dass ich mich schlachten lasse, bevor du mir diese teuflische Karate-Kapriole beigebracht hast, Kumpel?“, scherzte ich, „das will ich unbedingt lernen!“ Alle Pferde lachten, Fidel kicherte verlegen. Dann erklärte er uns ausführlich, warum wir überhaupt so schnell aus den Fängen der Pferdediebe befreit und gerettet werden konnten: „Ich hab es genau so gemacht wie damals, als ich Anke im Wald verloren habe. Weißt du noch? Damals hattest du mir geraten möglichst viel Lärm zu machen, damit die Zweibeiner bemerken, dass es einen Notfall gibt. Und genau so habe ich es wieder gemacht. Ich habe einfach gewiehert, so laut ich nur konnte, und bin die Straße auf und ab galoppiert. Zu den Wohnhäusern, in das kleine Dorf hinein, auf den Hof des Reitstalls, wieder zu den Häusern und immer hin und her. Na ja, du weißt ja, wie viel Lärm es macht, wenn man mit den Hufeisen über den Asphalt galoppiert und dabei laut wiehert. Damit holt man jeden aus dem Tiefschlaf. Der Plan ging auf: Mit dem Krach habe ich die Leute aufgeweckt, den Rest haben dann die Zweibeiner übernommen. Irgendjemand hatte wohl noch gesehen, in welche Richtung der LKW geflohen war, so konnte die Polizei die Verfolgung aufnehmen“, erklärte Fidel. Es war nicht zu überhören, dass ihm der Schreck immer noch in den Knochen saß und er innerlich doch noch sehr aufgewühlt war, obwohl er versuchte, sich betont cool zu geben. Erst jetzt sah ich, dass er einen Verband am Hinterbein trug. „Was ist mit deinem Bein passiert?“, wollte ich wissen.

„Nichts weiter, ich bin auf dem Asphalt ausgerutscht und gestürzt. Wegen dieses komischen Mittels im Apfel haben mir meine Beine nicht richtig gehorcht, und so ist es dann passiert. Ist aber halb so schlimm."
Wie tapfer der kleine Kerl doch war! Ich war unglaublich stolz auf ihn! Er – das kleine Weichei - hatte uns alle gerettet! Mit einer legendären Karate-Kapriole, die ich wohl nie mehr vergessen würde, hatte er sich befreit und dann so viel Radau gemacht, dass diese miesen Pferdediebe gefasst werden konnten. Ohne ihn wären wir allesamt beim Schlachter gelandet. Und jetzt? Jetzt jammerte er nicht einmal wegen seiner Verletzung, sondern sagte tatsächlich: *„Halb so schlimm"*. Da kannte ich ihn nun schon so lange, und doch konnte er mich immer wieder überraschen. Unglaublich, dieser Zwerg!

Ein Unglück kommt selten allein

Obwohl das Erlebnis mit den Pferddieben wirklich schrecklich war, erholten sich alle Pferde erstaunlich schnell davon. Nur mein Freund Fidel erholte sich leider nicht so schnell von seiner Verletzung. Was Fidel da in dieser fürchterlichen Nacht ganz tapfer als „halb so schlimm" bezeichnet hatte, machte ihm nun doch schwer zu schaffen. Sein Bein war immer noch stark angeschwollen, und er lahmte nun schon seit Tagen. Der Tierarzt hatte bereits mehrmals nach seinem Bein gesehen, doch irgendwie ging es nicht so recht vorwärts mit der Heilung. Jenny, Tim und ihre Eltern wirkten sehr besorgt. Und auch Anke, die Fidel immer noch regelmäßig besuchte, schien sich große Sorgen zu machen. Als ich eines Abends die Gelegenheit hatte, ein Gespräch zu belauschen erfuhr ich, dass es aber nicht Fidel allein war, der ihnen Sorgen machte. Es steckte noch mehr dahinter.

„In der Firma meines Mannes läuft es momentan gar nicht gut", erzählte Jennys Mutter, „wir haben große Angst, er könnte bald arbeitslos werden. Zwei Pferde kosten eben auch verdammt viel Geld, und Ronnys Klinikaufenthalt hat all unsere Geldreserven aufgezehrt. Na ja, und jetzt auch noch die Tierarztkosten für Fidel …", sie führte den Satz nicht zu Ende. Nach einer kurzen Pause sprach sie weiter: „Es würde mir das Herz brechen, wenn ich den Kindern die Pferde wegnehmen müsste, aber ich weiß wirklich nicht mehr, wo wir das Geld hernehmen sollen. Und wenn mein Mann jetzt auch noch arbeitslos wird …" Ihre Augen füllten sich mit Tränen, sie blickte auf den

Boden. Anke nahm sie in den Arm, ohne ein Wort zu sagen. Wie sehr ich solche Krisensitzungen hasste! Sie hatten nichts Gutes zu bedeuten, das hatte ich ja inzwischen gelernt. Damals, als es in meinem Heimatstall die erste Krisensitzung gegeben hatte, war Fidel kurz darauf verkauft worden, und ich sah ihn jahrelang nicht wieder. Nach der zweiten Krisensitzung, die ich erlebte, wurde ich an diese Heike verkauft. Eine Erfahrung, auf die ich gerne verzichtet hätte. Nun hatten Fidel und ich uns nach Jahren der Trennung endlich wiedergefunden, wir hatten sogar wieder die gleichen Besitzer, waren also eine Familie, da gab es schon wieder eine Krisensitzung. Ausgerechnet jetzt, wo ich gerade meine hübsche Maddi kennengelernt hatte, und rundherum glücklich war. Ausgerechnet jetzt, wo meine schwere Verletzung so gut ausgeheilt war, und wo selbst Störenfried Paolo weg war, gab es wieder so eine Krisensitzung. Ausrechnet jetzt, wo wirklich alles perfekt war!

„Arbeitslos" – was mochte dieses komische Wort überhaupt bedeuten? Ich überlegte: Ein Tag, an dem ich nicht arbeiten musste, weil meine Besitzer mal etwas anderes vorhatten, durfte ich auf der Wiese verbringen. Ich fand es nicht so schlimm, mal *„arbeitslos"* zu sein. Okay, auf Dauer wäre es vielleicht etwas langweilig geworden ganz ohne Arbeit, aber ein arbeitsloser Tag auf der Weide war doch nun wirklich nichts Schlimmes! Warum war es für die Zweibeiner aber offenbar schlimm genug, um eine Krisensitzung zu halten? Ich verstand es nicht. So vermutete ich, dass es etwas mit diesem anderen Wort zu tun hatte, das im Gespräch gefallen war: Geld. Ich muss zugeben, wenn sich Zweibeiner über dieses Wort unterhielten, gab mir das immer Rätsel auf. Die-

ses Wort schien auf jeden Fall eine große Bedeutung für sie zu haben. Ich beschloss, mir nicht weiter den Kopf über Dinge zu zerbrechen, die ich ohnehin nicht verstand, und machte mich genüsslich über das köstliche Pferdemüsli her, das inzwischen serviert worden war.

Leider gelang es mir nicht lange, das Thema der letzten menschlichen Krisensitzung aus meinen Gedanken zu verbannen, denn dieses Thema beschäftigte meine Zweibeiner sehr, und die Worte „arbeitslos" und „Geld" fielen in den nächsten Wochen immer häufiger. Selbst meine kleine Besitzerin Jenny schien dieses Thema sehr zu belasten. Manchmal war sie mit ihren Gedanken so weit weg, dass sie sich kaum noch aufs Reiten konzentrieren konnte. Es war nicht leicht, ihre Hilfen dann zu verstehen. Manchmal saß sie nach dem Reiten noch in meiner Box, vergrub ihr Gesicht in meiner Mähne und weinte. Ich hoffte nur, dass sie nicht weinte, weil es beim Reiten nicht so gut geklappt hatte. Ich gab mir wirklich alle Mühe ihre Hilfen zu verstehen, aber wenn sie so unkonzentriert war, dann war das sehr schwierig. Etwa so, als würde euch Menschen jemand etwas in einer fremden Sprache erzählen, von der ihr nur ein paar Worte kennt, und den Rest erraten müsstet. So hatte ich manchmal ein schlechtes Gewissen, wenn Jenny in meine Mähne weinte. Aber ich glaube, sie weinte wegen dieser anderen komischen Dinge, „Arbeitslosigkeit" und „Geld", wie auch immer das zusammenhängen mochte. Ich hatte es immer noch nicht genau verstanden. Und nicht nur Jenny und ihre Familie machten mir Sorgen, auch Fidels Verletzung, die einfach nicht besser werden wollte. Seit Wochen humpelte er nun schon auf seinem angeschwollenen Bein herum.

„Es hilft alles nichts, wir werden das noch mal röntgen müssen“, sagte der Tierarzt eines Tages, „vielleicht können wir es dann mit einer Stoßwellentherapie versuchen. Die geeignete Therapie können wir nur finden, wenn wir die Verletzung noch einmal ganz genau untersuchen. Von alleine wird es nicht heilen, wir müssen etwas tun.“

Dann folgte wieder eine Krisensitzung, in der es immer wieder um dieses Wort „Geld“ ging. Jennys Mutter weinte bitterlich, als sie erklärte: „Mein Mann ist arbeitslos geworden. Die Firma ist pleite, konnte ihm nicht einmal sein letztes Gehalt auszahlen. Wir können im Moment kaum die Stallmiete aufbringen. Geschweige denn, die hohen Tierarztkosten zahlen.“ Sie wirkte sehr verzweifelt. „Ronnys Klinikaufenthalt war schon so teuer, und der Hengst, der ihm die Verletzung beigebracht hat, war nicht versichert“, erklärte sie weiter. Der Tierarzt machte ein betroffenes Gesicht, während er Jennys Mutter zuhörte. Ich hatte keine Lust mehr weiter zuzuhören. Ich verstand von diesen ganzen Dingen nichts. Warum mussten diese Zweibeiner immer so in Rätseln sprechen? *„Pleite, Gehalt, Geld, arbeitslos, nicht versichert …“* Was redeten die denn da bloß für komisches Zeug? Was hatte das alles zu bedeuten? Sie sollten einfach meinen Kumpel wieder gesund machen, damit wir wieder über die Wiese toben, und gemeinsame Ausritte genießen konnten!

Einige Tage später schien meine Bitte erhört worden zu sein. Fidel wurde noch einmal ganz gründlich untersucht, und dann fand man eine Therapie, die ihn wieder gesund machen sollte. Der Tierarzt war sehr zuversichtlich, dass Fidel bald wieder „fit wie ein

Turnschuh“ sein würde. Ich hatte zwar keine Ahnung, warum er Fidel mit einem Turnschuh verglich, aber ich hörte aus dem Gespräch heraus, dass er damit meinte, Fidel würde wieder ganz gesund werden. Und das war die Hauptsache. Sollten sie es doch nennen, wie sie wollten, diese Zweibeiner!

Wie ich später erfuhr, war es Anke zu verdanken, denn sie hatte die Tierarztkosten übernommen. Doch zu meiner Verwunderung entspannten sich die Gesichter meiner Besitzerfamilie trotzdem nicht. „Es kann so nicht weitergehen, über kurz oder lang werden wir die Pferde verkaufen müssen, wenn ich nicht bald wieder Arbeit finde“, sagte Jennys Vater ernst. Da war es, das Wort, das ich noch mehr hasste, als Krisensitzungen: VERKAUFEN! Wenn dieses Wort im Zusammenhang mit uns Pferden fiel, dann hatte das nichts Gutes zu bedeuten. Und nun war es raus – Fidel und ich sollten verkauft werden. Wieder würde sich alles ändern. Wieder würden wir uns trennen müssen, wieder würden wir uns an einen neuen Stall, an neue Pferde und an neue Besitzer gewöhnen müssen. Und niemand konnte vorhersagen, was das für uns genau zu bedeuten hatte. Heike hatte damals auch ganz nett geschienen, als sie mich kaufte. Doch kaum war ich in den neuen Stall eingezogen, hatte sie ihr wahres Gesicht gezeigt. Und das war gar nicht nett! Ich hatte schon so viele Geschichten von anderen Pferden gehört und daraus gelernt: Man kann den Zweibeinern nicht immer ansehen, ob sie nett sind, oder nicht. Man merkt es oft erst, wenn es zu spät ist. Hatte ich damals nicht auch gedacht „Wanderreitpferd“ müsse ein Traumjob sein? Ja, das klang sehr schön, aber ich erinnere mich noch sehr gut an den armen Wotan, der bei seinem Besitzer alles andere als einen Traumjob hatte. Man konnte es einfach nie wissen. Das Einzige, was fest stand war, dass man den Menschen, an die man verkauft wurde, erst einmal ausgeliefert ist. Ob man nun will oder nicht.

Ich mochte gar nicht daran denken, was uns wohl erwarten könnte, wenn wir verkauft würden. Ich drehte mich mit dem Kopf zur Wand und versuchte, an gar nichts zu denken. Ein sanfter Luftzug wehte mir Maddis verführerischen Duft unter die Nase. *Maddi…* Auch sie würde ich wieder verlieren, wenn ich verkauft würde. Dieser Gedanke war für mich unerträglich.

Es folgten einige Wochen, in denen sich nicht viel änderte, außer, dass Fidels Verletzung endlich heilte. Der Tierarzt leistete gute Arbeit, und Fidel ging es von Tag zu Tag ein kleines Stückchen besser. Nach einigen Wochen konnte Tim ihn sogar wieder reiten und Fidel konnte wieder schmerzfrei mit mir über die Wiese toben. Er war wieder ganz gesund geworden.

Jetzt, wo wir wussten, dass sich unsere Wege bald wieder trennen sollten, genossen wir die gemeinsamen Ausritte mehr als je zuvor. Nur die Gespräche der Zweibeiner-Kinder überschatteten die Freude. Bei einem Ausritt hat man als Pferd ja leider wenige Möglichkeiten zu überhören, was die Zweibeiner reden. Die Kinder – die übrigens inzwischen sehr viel Wert darauf legten nicht mehr als Kinder, sondern nun als „Teenager“ bezeichnet zu werden – sprachen immer wieder über das Thema, das die Familie sehr belastete. Für Jenny und Tim war der Gedanke, Fidel und mich verkaufen zu müssen ebenso unerträglich, wie für uns Pferde selbst. Ja, sogar Tim, der uns Pferde doch früher immer nur als „blöde Sauerbraten“ bezeichnet hatte, weinte seinem Fidel jetzt immer öfter ein paar dicke Tränen in die weiche Mähne. Es war eine sehr schwere Zeit für die ganze Familie – ob Vier- oder Zweibeiner, wir litten alle unter der Ungewissheit, wie lange wir noch zusammenbleiben könnten. Gewiss schien nur eins – unsere gemeinsamen Tage waren gezählt. Das ließ sich kaum verdrängen wurde uns noch deutlicher bewusst, als schließlich die ersten Interessenten kamen, um uns *„auszuprobieren“*. Dieses Wort störte mich immer noch sehr, denn es erinnerte mich immer noch an einen Fahrradkauf. Aber scheinbar haben die Zweibeiner kein besseres Wort dafür erfunden, also bleibt mir wohl nichts Anderes übrig, als dieses hässliche Wort selbst auch zu benutzen.

Jenny hatte ganz dicke, rot verheulte Augen, als die ersten Leute kamen, um mich auszuprobieren. Auch Jennys Mutter sah aus, als ob sie die ganze Nacht geweint hätte.

„Glauben sie mir, wir würden die Pferde niemals verkaufen, wenn wir nicht müssten“, versicherte sie. Die fremde Frau, die mich begutachtete, zeigte sich völlig unbeeindruckt: „Ja, ja, das erzählt mir jeder. Die Leute erfinden immer rührende Geschichten, wenn sie ihre Gäule loswerden wollen“.

Jenny schluchzte auf, wollte etwas sagen, schluckte es aber tapfer hinunter und blieb still. Die unfreundliche Frau beäugte mich kritisch. Sie trug blank polierte Reitstiefel mit langen, scharfen Sporen daran, eine karierte Reithose, ein kariertes Haarband, eine karierte Bluse und darüber eine karierte Reitweste. Alles in allem wirkte sie ziemlich kariert. Ich habe wirklich nichts gegen Karos, finde sie manchmal sogar ganz schick, aber diese komische Frau war doch *sehr* kariert.

„Was hat der denn da für eine Narbe?“ Sie deutete auf mein Hinterbein, an dem der Kampf mit Paolo eine große Narbe hinterlassen hatte.

„Eine Weideverletzung, er wurde von einem anderen Pferd getreten“, erklärte Jennys Mutter und beeilte sich, der karierten Frau noch zu versichern: „Aber sie können ganz unbesorgt sein, die Verletzung ist hundertprozentig ausgeheilt“. Die fremde Frau verzog das Gesicht, als hätte Jennys Mutter irgendetwas Ekliges gesagt. „Weide!“, sie verdrehte theatralisch die Augen und zog ihre Mundwinkel verächtlich herab, „wenn ich das schon höre! Bei mir kommt kein Pferd auf die Weide! Die Gäule sollen ordentlich arbeiten, dann brauchen sie auch keine Weide!“

Ich war schockiert! Diese verrückte Karotante schien tatsächlich von dem Unsinn überzeugt zu sein, den sie da redete. Mein Unbehagen wuchs mit jedem Wort von ihr. Jennys Mutter schluckte. Ich fühlte, dass sie einen dicken Kloß im Hals hatte, und die unsympathische Frau am liebsten in hohem Bogen aus dem Stall geworfen hätte. Doch sie sagte nichts, versuchte nur verzweifelt die Tränen zu unterdrücken, die ihre Augen füllten. Jenny zupfte unauffällig an ihrem Ärmel, warf ihrer Mutter einen flehenden Blick zu. Es bedurfte keiner Worte, um zu wissen, was dieser Blick bedeutete. Ich glaube, Jenny hätte in diesem Moment alles dafür gegeben, wenn ihre Mutter den Gedanken in die Tat umgesetzt, und die Frau in der karierten

Reithose vor die Tür gesetzt hätte. Und ganz ehrlich gesagt - ich auch. Aber Jennys Mutter schluckte ihren Ärger hinunter und sagte nichts. Die Stimmung war gedrückt.

„Miss Karo“ trat näher an mein Bein heran und trat mit der Spitze ihrer blank polierten Reitstiefel leicht gegen die ausgeheilte Verletzung. Einmal, zweimal, dreimal … Ich konnte es nicht fassen! Hatte dieser Person denn nie jemand beigebracht, dass man so nicht mit einem Pferd umgeht? Auch wenn die Verletzung ausgeheilt war - wir Pferde sind doch nicht aus Holz! Ich legte die Ohren an, und warf ihr einen ziemlich wütenden Blick zu.

„Oh, sieh an, da wird er gleich zickig!“, lautete ihr Kommentar auf meine Reaktion. Wie bitte??? *Zickig? Ich??? Ich und zickig?* Ich traute meinen Ohren kaum! Dieses karierte Etwas war selbst die Zickigkeit in Person! Und ausgerechnet diese karierte Oberzicke bezeichnete *mich* nun als zickig, nur weil ich ihr erklären wollte, dass man Pferde nicht tritt? Unfassbar!

„Er ist es eben nicht gewöhnt, getreten zu werden“, giftete Jenny, und auch ihre Augen blitzen wütend auf. „Pah! *Getreten*!“, wiederholte die Karierte gedehnt. Dabei verdrehte sie erneut die Augen und machte ihr verächtliches Gesicht. Scheinbar hatte sie das geübt, denn sie beherrschte diese dämliche Grimasse perfekt. *„Getreten* ist wohl was anderes! Ich hab ihn nur leicht angetippt, das muss er schon aushalten! Der muss schon voll belastbar sein, wenn ich ihn kaufen soll. Ein Pferd, das geschont werden muss, kann ich nicht gebrauchen. Das müssen wir gründlich austesten. Satteln Sie ihn mal!“ Der Befehlston, den sie anschlug, ließ Jennys Mutter erneut schlucken.

Fidel schaltete sich ein: „Ronny, ich will nicht, dass diese schreckliche Frau dich kauft! Ich mag sie nicht. Mach irgendwas, damit sie dich nicht kauft!“ Auch Maddi hatte die Szene mit Sorge beobachtet und rief: „Ronny, ich kenne die Menschen und spüre, wenn sie böse sind. Diese Frau ist nicht gut für dich.“

Unter Tränen legte mir Jenny den Sattel auf und führte mich auf den Reitplatz. Die Stimmung war sehr gedrückt und wirkte irgendwie beklemmend. Ich beschloss, erst einmal abzuwarten, was nun passieren würde. Die karierte Frau ließ sich unsanft in meinen Sattel plumpsen und nahm die Zügel sofort scharf an. Ich spürte, dass sie zwar eine geübte und sattelfeste Reiterin war, aber dennoch schien sie keinerlei Gefühl für Pferde zu haben. Ihre Hilfen waren grob und gefühllos und verdienten Namen *„Hilfen“* eigentlich gar nicht. Ihre reiterliche Einwirkung behinderte mich nämlich eher, als eine Hilfe zu sein. Mein Unbehagen wuchs mit jeder Runde. „Bau mir mal einen Sprung auf!“, wies sie Jenny an. Das Wort „bitte“ schien ihr ebenso fremd zu sein, wie ein freundlicher Tonfall. Es gefiel mir nicht, wie sie mit meiner Besitzerin redete. Noch weniger gefiel es mir, dass die zickige karierte Frau dauernd grob an meinem Zügel rupfte und mir gleichzeitig pausenlos ihre Sporen in den Bauch drückte. Als ich an Jenny vorbei kam, und in ihre mit Tränen gefüllten Augen blickte, spürte ich plötzlich genau, was Jenny in diesem Moment dachte: „Wirf sie ab, Ronny!“, sagte mir ihr verzweifelter Blick. Okay!, dachte ich bei mir, dein Wunsch sei mir Befehl, liebe Jenny!

Der Sprung, den meine Besitzerin aufgebaut hatte, wäre kein Problem für mich gewesen. In meiner Zeit als Springpferd hatte ich mühelos Hindernisse überwunden, die doppelt so hoch und so breit waren wie dieser. Und ich hatte diese Hindernisse mit Freude überwunden, weil ich eine einfühlsame Reiterin auf dem Rücken hatte, für die ich gerne arbeitete. Auch mit Jenny war ich immer gerne gesprungen, obwohl Jenny anfangs noch sehr ungeübt gewesen war. Die komische karierte Frau, die jetzt auf meinem Rücken saß, hatte schon viele Pferde über viele Hindernisse geritten, das spürte ich. Ungeübt war sie nicht, aber unsensibel und unsympathisch. Sie rammte mir unsanft ihre Sporen in die Flanken, hielt aber gleichzeitig die Zügel so stramm, dass das Gebiss in meinen Maulwinkeln schmerzte. Ich galoppierte auf das Hindernis zu, spürte wieder einen schmerzhaften Stich ihrer Sporen, beschleunigte, wurde schneller, und schneller, und schneller, und … stoppte mit einer Vollbremsung direkt vor dem Hindernis. PLATSCH! Ob es wohl ein Zufall war, dass Jenny den Sprung direkt vor der einzigen Matschpfütze auf dem Reitplatz aufgebaut hatte? Alle Pferde, die diese Szene beobachtet hatten, brachen in schallendes Gelächter aus. Wie gut, dass die Zweibeiner das nicht hören können!

Auch Jenny konnte ein Kichern nur mühsam unterdrücken. Und selbst ihre Mutter hatte Mühe, die Schadenfreude zu verbergen. Es muss schon ziemlich lustig ausgesehen haben, wie „Miss Karo“ im hohen Bogen über meinen Hals geflogen und dann mit Karacho in der Matschpfütze gelandet war. Die karierte Frau fand es allerdings gar nicht lustig. Sie tobte vor

Wut: „So einen Mistbock habe ich ja noch nie erlebt!“, fluchte sie lautstark.

Ich war sofort brav zu meinen Besitzern zurückgetrabt und beobachtete nun aufmerksam, wie die Karierte aus der Schlammpfütze krabbelte und mit angeekeltem Gesichtsausdruck versuchte, die dicken Matschlumpen von ihren Karos zu wischen. „Hol mir eine Gerte, der Gaul braucht mal eine richtige Tracht Prügel!“, zischte sie Jenny in harschem Befehlston an. Ihr Kopf war so rot, wie die Lampen an einem Pferdesolarium.

Doch nun war es Jennys Mutter, die plötzlich sehr bestimmt klang: „Sie bekommen ganz sicher keine Gerte! Ihr Auftritt ist hiermit beendet!“, fauchte sie. Ich war überrascht, dass auch Jennys Mutter einen solchen Befehlston anschlagen konnte. So unfreundlich hatte ich sie noch nie erlebt. Die karierte Frau tobte und protestierte, warf Jennys Mutter vor, keine Ahnung von Pferden zu haben. Ihre Stimme klang ganz heiser vor Wut, als sie lautstark weiter fluchte. Sie keifte noch etwas von einem „verzogenen Gaul“ und „Unverschämtheit“, doch wir ließen sie einfach allein auf dem Reitplatz stehen. Irgendwann hat sie sich dann verzogen.

Es gab scheinbar immer noch viele Verrückte unter den Pferdeleuten. Und es würde sicher nicht einfach werden, nette Besitzer zu finden, so viel stand fest. Auch Jennys Eltern bereitete das Sorgen. „Gerade, wenn man ein Pferd dringend verkaufen muss, weil das Geld drückt, ist es schwierig, nette Leute zu finden. Sowohl für Fidel als auch für Ronny nette Besitzer zu finden, wird ist alles andere als leicht“, seufzte Jennys Mutter.

Der Auftritt der seltsamen karierten Frau sorgte an diesem Tag noch für viel Gesprächsstoff, und wir lachten noch darüber, als sie längst schon wieder verschwunden war. „Bravo Ronny!“, lobte Fidel begeistert, „ab heute bist du ein doppelter Monsterzähmer! Jetzt hast du nicht nur das gefährliche Knistermonster besiegt, sondern auch noch das fürchterliche Karomonster!“ Wieder lachten alle Pferde herzhaft. „Fürchterliches Karomonster passt!“, stimmte Maddi kichernd zu. Aber auch die Zweibeiner machten Witze: „Die kann doch froh sein, immerhin hat Ronny ihr einen Freiflug über den Reitplatz spendiert“, scherzte die Reitlehrerin. „Genau, das war sehr großzügig von ihm“, kicherte Jenny, „sie hätte sich ruhig ein bisschen dankbarer zeigen können. So hatte das fürchterliche Karomonster, wie wir Pferde sie von nun an nannten, immerhin dafür gesorgt, dass wir alle was zu lachen hatten. Es tat gut, auch unsere Zweibeiner mal wieder lachen zu hören, denn das war in den letzten Wochen sehr selten vorgekommen. Und es sollte auch in den darauf folgenden Wochen fast gar nicht mehr vorkommen.

Fidel und ich mussten in den nächsten Wochen einiges erdulden, denn es kamen immer wieder Leute, um uns auszuprobieren. Unsere Sorge, niemals mehr nette Besitzer zu finden wuchs. Das Einzige, was fest zu stehen schien, war, dass es so gut wie unmöglich war, nette Leute zu finden, die uns beide zusammen kaufen würden. Zum Glück waren nicht alle Leute so verrückt wie die karierte Frau, manche waren sogar ganz nett. Aber aus irgendwelchen Gründen passte immer irgendetwas nicht. Dabei habe ich keinen von ihnen mehr abgeworfen. Die karierte Frau blieb die Einzige, der ich jemals so energisch beim Absteigen geholfen hatte. Trotzdem gab es immer wieder irgendwelche Gründe, die dazwischen kamen. Eine Frau fand mich zwar ganz toll, wollte aber keinen Schimmel haben. Fidel hatte dann zwar die richtige Farbe für sie, aber er gefiel ihr aus irgendwelchen anderen Gründen nicht. „Wenn der Schimmel ein Fuchs wäre", sagte sie, „dann wäre er perfekt." *Wenn der Schimmel ein Fuchs wäre, dann wäre er kein Schimmel sondern ein Fuchs!,* dachte ich verärgert. Und überhaupt – was hieß denn hier perfekt? Ich war perfekt, und Fidel auch! Jeder auf seine Weise eben, aber perfekt, fand ich.

Ich war sauer. Menschen können ja so unglaublich kompliziert sein! Man konnte es ihnen einfach nicht recht machen, diesen Zweibeinern. Den einen war ich zu groß, den anderen zu klein, für die Nächsten war Fidel (fast) perfekt, hatte aber die „falsche Farbe", weil sie keinen Fuchs haben wollten, und so weiter. Zu alt, zu jung, zu temperamentvoll, zu ruhig … sie fanden so viele Worte um uns zu beschreiben, und manchmal hatte man das Gefühl, sie redeten von ganz anderen Pferden. Was dem Einen zu jung war, war dem Anderen schon zu alt, was dem Nächsten zu temperamentvoll schien, war dem Anderen wieder zu ruhig. So gingen einige Wochen und Monate ins Land, in denen immer wieder Leute kamen, um uns auszuprobieren, aber immer kam irgendwas dazwischen. Einerseits waren wir ja froh, denn solange wir noch nicht verkauft waren, konnten wir unsere gemeinsame Zeit noch genießen. Ich konnte meiner geliebten Lieblingsstute Maddi jeden Tag auf der

Wiese die Mähne kraulen und ausgiebig mit ihr schmusen. Es hätte alles so schön sein können, wenn wir nicht gewusst hätten, dass die schönen Tage gezählt waren und wenn uns unsere Zweibeiner nicht immer wieder daran erinnert hätten. Denn immer, wenn wir es fast schon vergessen hatten, hielten die Zweibeiner wieder eine Krisensitzung ab.

„Wenn wir nicht bald Käufer für Ronny und Fidel finden, werden wir sie zu einem Pferdehändler geben müssen“, weinte Jennys Mutter eines Tages, „wir können die Stallmiete und die Kosten für den Hufschmied einfach nicht mehr aufbringen.“ Sie wirkte sehr verzweifelt. Ich konnte mich kaum noch daran erinnern, wie ihr Lachen klang, denn ich hatte sie ewig nicht mehr lachen gehört. Die rot verweinten Augen zeugten davon, dass es ihr wirklich schwerfiel, uns abzugeben. Nicht nur, weil sie uns Pferde sehr ins Herz geschlossen hatte, sondern auch weil es ihr das Herz brach, den Kindern die Pferde wegnehmen zu müssen. Jennys Vater kam nur noch sehr selten mit in den Stall. Er schämte sich, obwohl er ja eigentlich auch nichts dafür konnte.

„Pferdehändler …“ hallte es in meinem Kopf nach, *„Pferdehändler … Pferdehändler … Pferdehändler“…*

Unweigerlich musste ich an die schreckliche Geschichte von Maddis Bruder denken, und hatte sofort einen dicken Kloß im Hals. Gewiss würden nicht alle Pferdehändler so schrecklich sein wie dieser, dachte ich. Sicher gab es auch nette unter ihnen, so wie es überall gute und schlechte Menschen gab. Aber das Wort bereitete mir dennoch Unbehagen. Ich war froh, dass Fidel von dieser Krisensitzung nichts mitbekommen hatte. Er ahnte noch nichts davon, weil er mit Tim auf dem Reitplatz war, während ich das Gespräch belauscht, und die schlechte Nachricht gehört hatte. Nach kurzer Überlegung beschloss ich, die schlechte Nachricht auch vorerst noch für mich zu behalten. Auch wenn Fidel mit seiner legendären Karate-Kapriole zum Helden geworden war – er blieb trotzdem ein Sensibelchen und hätte sich das viel zu sehr zu Herzen genommen.

Doch das Geheimnis belastete mich sehr. Einerseits wollte ich Fidel nicht beunruhigen, andererseits fühlte ich mich sehr schlecht dabei, ihm zu verschweigen, dass wir möglicherweise bald an einen Pferdehändler verkauft werden sollten. Eine Zwickmühle, aber es war mir wichtiger Fidel zu schonen. Also steckte ich die Nase in mein duftendes Heu und versuchte mir nichts von meinen Sorgen anmerken zu lassen.

Verwirrendes und Nachdenkliches

„Jenny, Tim, bitte beeilt euch heute ein bisschen. Papa und ich haben etwas sehr Wichtiges mit euch zu besprechen“. Jennys Mutter klang sehr bestimmt, als sie die Kinder eines Abends vom Stall abholte. Es klang, als wolle sie mal wieder eine Krisensitzung einberufen. Und als wäre das nicht schon schlimm genug, plante sie diese Krisensitzung offenbar auch noch Zuhause abzuhalten. Nicht, dass ich es mochte, die Krisensitzungen der Zweibeiner zu belauschen, aber immerhin erfuhren wir Pferde, worum es geht, wenn die Krisensitzung auf der Stallgasse oder auf der kleinen Terrasse neben unserer Weide abgehalten wurde. Aber bei den Zweibeinern Zuhause? Das war zu weit weg, um irgendetwas hören zu können. Nicht einmal unsere feinen Ohren reichten aus, um unsere Menschen hören zu können, wenn sie Zuhause waren.

„Was wollt ihr denn mit uns besprechen?“, fragte Tim neugierig, aber gleichzeitig auch sehr vorsichtig. Seine Mutter blieb hart: „Das möchten Papa und ich gemeinsam in aller Ruhe mit euch besprechen.“ Fidel warf mir einen besorgten Blick zu. Diese Geheimniskrämerei beunruhigte ihn genau so sehr wie mich. Eilig räumten die Kinder ihre Sachen ein und brachten uns schnell noch ein paar Möhren. „So viel Zeit muss sein“, sagte Jenny beschwichtigend, während sie mit den Möhren bepackt im Laufschritt an ihrer Mutter vorbei trabte. Die Mutter lächelte sanft. „Jetzt aber Abmarsch!“, befahl sie scherzhaft, „Papa wartet mit dem Essen auf uns“.

Unsere Menschenfamilie verschwand, und wir Pferde blieben ratlos zurück. Maddi versuchte uns abzulenken, indem sie uns Geschichten aus Russland erzählte: „Die allererste Möhre meines Lebens habe ich erst hier in Deutschland bekommen. Da war ich schon über drei Jahre alt, und hatte keine Ahnung, dass man Möhren fressen kann“, erzählte die Rappstute. „In Russland haben wir nie Möhren und Äpfel bekommen. Manche Pferde dort wissen nicht einmal, was Hafer ist, geschweige denn, Pferdemüsli.“ Sie lachte, als sie sich zurückerinnerte: „Als mir meine neue Besitzerin hier in Deutschland zum ersten Mal eine Möhre vor die Nase hielt, habe ich sie nur verwirrt angesehen. Schließlich legte sie das Ding in meinen Futtertrog, und ich habe es die ganze Nacht mit der Nase im Trog hin und her geschoben. Erst nach zwei Tagen habe ich bemerkt, dass man Möhren fressen kann und sie einfach köstlich schmecken!“ Die zierliche Rappstute lachte wieder. „Genau so ging es mir dann mit Äpfeln, Pferdeleckerlis und all den anderen Köstlichkeiten, die ich heute nicht mehr missen möchte.“ Nach einer kurzen Pause senkte Maddi plötzlich traurig den Kopf. „Mein Bruder Maurice hat nie erfahren dürfen, wie Möhren, Äpfel und Pferdemüsli schmecken … Er hatte in seinem kurzen Leben keine Chance es zu probieren …“

Maddi sah plötzlich sehr traurig aus. Wie gerne wäre ich jetzt zu ihr rüber gegangen, und hätte ihr zum Trost sanft die Mähne gekrault. Doch unsere Boxenwände und die Stallgasse trennten uns. Ich konnte sie sehen, aber leider nicht berühren. Mehr, als einen mitfühlenden Blick konnte ich ihr nicht geben, um sie zu trösten.

Nur vier Jahre war ihr Bruder alt geworden, und in diesen vier Jahren hatte er keine einzige Möhre zwischen die Zähne bekommen. Ich überlegte, wann ich meine erste Möhre bekommen hatte, aber ich konnte mich nicht genau erinnern. Es war schon zu lange her. Sonja, die Pferdepflegerin in meinem Heimatstall hatte und von Anfang an sehr verwöhnt. Kaum hatten wir als Fohlen unsere Milchzähne bekommen, da hatte sie uns schon allerlei Köstlichkeiten zugesteckt. Wir hatten es als selbstverständlich hingenommen. Ich hätte nie gedacht, dass es erwachsene Pferde geben könnte, die nichts mit einer Möhre anzufangen wüssten. Wie naiv ich doch gewesen war! Es gab Tausende von diesen Pferden, und der Gedanke machte mich sehr, sehr traurig.

Die Erinnerung an meine Fohlenzeit ließ auch Sehnsucht aufkommen. Wie herrlich war es doch, damals mit den anderen Fohlen über die Wiese zu toben und nichts von den Sorgen zu ahnen, die man als Pferd haben kann. Fidel und ich hatten fast vier Jahre völlig unbeschwert unsere Jugend genießen dürfen. Wir hätten nicht im Traum daran gedacht, dass es Pferde gab, die schon als Jährlinge vor Karren gespannt wurden und arbeiten mussten.

In der Nacht machte ich kaum ein Auge zu. Zu viele Gedanken schwirrten mir durch den Kopf. Sehnsüchtige Gedanken an meine unbeschwerte Jugend, sorgenvolle Gedanken über unsere Zukunft, mitleidige Gedanken an die Pferde, denen es schlecht ging, die misshandelt wurden und die unglaublich schreckliche Dinge erleiden mussten. Es ging alles in meinem Kopf hin und her. Was würde Fidel und mich noch alles im Leben erwarten? Würden wir auch bei schrecklichen Besitzern landen? Würden wir je wieder Möhren bekommen? Ja Entschuldigung, die letzte Frage mag jetzt vielleicht etwas taktlos klingen, aber wir Pferde denken nun mal praktisch. Und wir denken oft ans Futtern.

Am nächsten Morgen jedoch, war ich fast zu müde, um ans Futter zu denken. Entgegen meiner Gewohnheit, wieherte ich der Stallbesitzerin nicht schon erwartungsfroh entgegen, als sie mit der Futterkarre kam. Ich war einfach noch furchtbar müde, weil ich in der Nacht keinen Schlaf gefunden hatte, und blieb mit dem Kopf zur Wand gerichtet stehen. Wenn ich schon nicht geschlafen hatte, wollte ich wenigstens noch dösen, bis das Futter in meinem Trog war. Es war Wochenende, und an den Wochenenden kamen Jenny und Tim meist schon morgens, um uns zu reiten. Ich wollte zumindest etwas ausgeschlafen wirken, damit sich die Kinder nicht wieder unnötige Sorgen um mich machen mussten. Sie hatten ja schließlich schon genug Sorgen.

„JUCHUUUUUUUUU!“ Der gellende Schrei erschreckte mich fast zu Tode. „Entschuldige Ronny, ich wollte dich nicht erschrecken, ich freu mich nur so doll!“ Es war Jennys Stimme, die sich vor Freude fast überschlug. So fröhlich hatte ich sie schon ewig nicht mehr gesehen! Im nächsten Moment kam Tim in den Stall. Er hopste fröhlich über die Stallgasse und erinnerte mich in dem Moment eher an ein Känguru, als an einen Menschen. Was hatte das nun wieder zu bedeuten? Warum führten sich unsere Zweibeiner plötzlich so seltsam auf? Seit Wochen und Monaten hatten sie nun Trübsal geblasen, immer nur von Geld und davon gesprochen, dass sie uns verkaufen mussten. Hatten sie einen Käufer für uns gefunden? Jenny riss meine Boxentür auf und fiel mir stürmisch um den Hals. Tim machte das Gleiche bei Fidel. Der wusste gar nicht, wie ihm geschah, und blickte fragend zu mir herüber. Er sah immer so niedlich aus, wenn sich tausend Fragezeichen auf seinem Gesicht spiegelten!

Jenny drückte meinen Hals so fest, dass ich einen Schritt zurücktrat, um ihre Umklammerung ein wenig zu lockern. „Ich freu mich so, ich freu mich so, ich freu mich so!“, jauchzte sie immer wieder. Worüber sie sich freute, behielt sie allerdings für sich. Es ist manchmal wirklich zum Verzweifeln, mit diesen seltsamen zweibeinigen Wesen! Ich hatte nicht den Hauch einer Ahnung, was das alles nun wieder zu bedeuten hatte. In dem Moment kümmerte es mich aber auch nicht weiter, denn nun hatte die Stallbesitzerin mit der Futterkarre meine Box erreicht und kippte das leckere Pferdemüsli in meinen Futtertrog. Was auch immer mit Jenny und Tim los war, es musste warten – jetzt war erstmal Futterzeit! Ich erwähnte es ja schon, wir Pferde sind eben praktisch veranlagt.

Diese praktische Veranlagung, (böse Zungen bezeichnen sie oft respektlos als „Verfressenheit“), stand allerdings unserer Neugier an diesem Tag sehr im Wege. Wir waren einfach viel zu sehr damit beschäftigt, unsere Futtertröge blitzblank zu lecken. So konnten wir uns nicht auch noch darauf konzentrieren, was die Zweibeiner redeten. Und so waren wir immer noch nicht schlauer, als wir nach der Fütterung auf die Wiese gebracht wurden. Erst als sich unsere Besitzer mit der Stallbesitzerin und ein paar anderen

Leuten später auf der Terrasse neben unserer Wiese versammelten, spitzte ich die Ohren. Anke war auch zu diesem Treffen gekommen.

„Das ist aber aufregend!", rief ein Mädchen. „Dann müssen eure Pferde ja fliegen!", sagte Mike, der nette Besitzer von Sunny. Er klang sehr beeindruckt. Die Reitlehrerin klang genau so beeindruckt. „Wow, zu solch einem Schritt gehört viel Mut", sagte sie. In ihrer Stimme klang Bewunderung mit. Die anderen Zweibeiner nickten zustimmend. Ich verstand kein Wort. *Fliegen? Pferde? Pferde und fliegen?* Wie sollte das denn gehen? Vögel können fliegen, die haben ja auch Flügel! Und wenn ein Pferd genug nachhilft, können auch karierte Reiterinnen fliegen – zumindest bis in die nächste Matschpfütze. Auch wenn das dann bei Weitem nicht so elegant aussieht, wie bei den sanft durch die Luft gleitenden Vögeln.

Aber was um alles in der Welt meinte Mike mit diesem Satz: *„Dann müssen eure Pferde ja fliegen?"* Warum müssen diese zweibeinigen Gestalten bloß immer so in Rätseln sprechen? Es dauerte eine ganze Weile, und wir mussten lange sehr angestrengt diesem schnatternden Stimmengewirr der aufgeregten Zweibeiner lauschen, bis wir genug Informationen herausgefiltert hatten, um die Sache zu verstehen:

Jennys Vater hatte endlich einen neuen Job gefunden. Allerdings nicht hier in der Nähe, sondern in Kanada. Ich hatte nicht die leiseste Ahnung, wo Kanada war, aber so wie ich es verstand, musste es sehr, sehr weit weg sein. So weit, dass man nicht einmal mit einem gut trainierten Pferd dorthin reiten konnte. Und sogar soweit, dass man es nicht einmal mit dem Pferdeanhänger erreichen konnte. Der Grund für Jennys unbändige Freude war, dass die Familie uns beide – Fidel und mich – behalten konnte. Sie wollten uns also nicht mehr verkaufen, sondern nach Kanada mitnehmen. Und dafür würden wir in ein Flugzeug steigen müssen. Jennys Eltern schienen deswegen ein bisschen besorgt, doch die Reitlehrerin beruhigte sie: „Ronny und Fidel sind noch jung, die werden kein Problem mit dem Flug und der Klimaumstellung haben. Macht euch mal keine Sorgen, die packen das schon“. Sie schien sehr überzeugt zu sein, von dem was sie sagte.

In meinem Kopf ratterte es. *Flugzeug … Pferde im Flugzeug …* hatte ich das nicht schon einmal irgendwo gehört? Na klar, damals in unserem Heimatstall hatte ein Pferd davon erzählt! Duc, Fidels Boxennachbar, das Springpferd mit dem verrückten Namen „Duc de Normandie“ hatte behauptet, schon einige Male mit einem Flugzeug zu den großen Turnieren der Welt gereist zu sein. Und er hatte erzählt, dass sogar täglich irgendwo Pferde mit Flugzeugen fliegen. Damals hatten wir ihm kein Wort geglaubt und ihn für einen Lügenbaron gehalten. Wir hatten gedacht, er wollte uns veräppeln, weil wir damals noch so junge Hüpfer waren, die außer unserer Fohlenwiese noch nichts von der Welt gesehen hatten. Er hatte damals also doch nicht gelogen! Pferde in Flugzeugen waren also keine Erfindung von Duc, so was gab es tatsächlich. Und wir würden es demnächst selbst erleben! Ich war beeindruckt. Bei Fidel kam dagegen wieder das Weichei durch: „Fliegen? Ich weiß nicht Ronny …“, zeterte er, „wenn die Natur gewollt hätte, dass wir fliegen können, hätte sie uns doch Flügel wachsen lassen.“

„Ach Fidelchen", beruhigte ich ihn, „das packen wir schon. Immerhin können wir bei Jenny, Tim und ihren Eltern bleiben. Wir werden nicht verkauft. Nicht an karierte Frauen und auch nicht an Pferdehändler. Und – wir beide können sogar zusammenbleiben!"

Kaum hatte ich diesen Satz ausgesprochen, da wurde mir schmerzlich bewusst, dass ich außer Fidel alle meine Freunde zurücklassen musste. Sunny, das Westernpferd, mit dem ich schon damals in dem schrecklichen Stall der bärtigen Frau zusammengestanden hatte, meine ganze Herde, die ich in diesem Stall kennengelernt hatte und – Maddi! Meine hübsche kleine Maddi, die tapfere, edle Traberstute, die Liebe meines Lebens würde ich hier zurücklassen müssen und vermutlich auch nie wiedersehen. Der Gedanke war schmerzlich. *Sehr* schmerzlich!

Maddi schien meine Gedanken gelesen zu haben und drängte sich eng an mich. Sie hielt sich noch näher bei mir auf, als sonst. Ohne ein Wort zu sagen, grasten wir Seite an Seite, entfernten uns langsam immer weiter von den Zweibeinern, die immer noch aufgeregt durcheinander schnatterten. Der leichte Wind wehte ihren Duft in meine Nüstern, sodass ich ihn noch intensiver wahrnahm. Wie sehr ich die Gesellschaft dieser wunderschönen Stute genoss! Die Vorstellung, sie bald verlassen zu müssen und für immer aus den Augen zu verlieren, war kaum zu ertragen. Sie sagte kein Wort, doch ich wusste genau, dass sie mich verstand. Und ich wusste, dass auch sie sehr traurig darüber war. Auch wenn sie sich nichts davon anmerken ließ. Erst Stunden später, als wir uns zum gegenseitigen Mähnekraulen ans hintere Ende der Wiese zurückgezogen hatten, ergriff Maddi das Wort:

„Ach Ronny, ich bin glücklich und dankbar, dass ich ein so tolles Pferd wie dich kennenlernen durfte“, hauchte sie zärtlich, „ich werde dich nie mehr vergessen“. Sie schluckte kurz, doch dann klang sie schnell wieder sehr gefasst: „Auch wenn wir uns trennen müssen - ich bin trotzdem froh, dass ihr nicht verkauft werden müsst. Ihr habt Menschen, die euch lieben und sehr gut für euch sorgen. Dieses Glück haben nicht alle Pferde. Du kannst mit deinem alten Jugendfreund Fidel zusammenbleiben, und auch das ist ein ganz großes Glück, das nur sehr wenige Pferde haben.“ Sie seufzte. „Bei uns Pferden ist es nun mal so, dass wir mit unseren Menschen ziehen müssen. Aber wenn diese Menschen gute Menschen sind, dann können wir uns glücklich schätzen.“

Maddi hatte Recht. So traurig es auch war, dass ich sie verlassen musste, Fidel und ich konnten uns wirklich nicht beschweren. Jenny und Tim versorgten uns liebevoll, und ihre Eltern hatten wirklich alles getan, um uns nicht verkaufen zu müssen. Nun zogen sie sogar mit uns in ein fremdes Land, damit wir alle zusammenbleiben konnten. Wir konnten uns wirklich glücklich schätzen. Und auch Maddi schätzte sich glücklich, denn auch ihre Besitzerin würde alles dafür tun, dass es der Stute immer gut ging. So schwer und traurig Maddis Jugend auch gewesen war, jetzt ging es ihr richtig gut. So gut, wie sie es verdient hatte. So gut, wie es jedes Pferd verdient hätte.

Ich vergrub meine Nüstern tief in Maddis seidiger Mähne und atmete ihren Duft ein. Wie sehr würde ich diese kluge und hübsche Stute vermissen! Ich mochte gar nicht daran denken …

Abschied

Nun Freunde, ihr wisst, wir Pferde haben ja bekanntlich keine Kalender. Zumindest kenne ich kein Pferd, das einen hätte. Um zu wissen, dass unser Abreisetag langsam näher rückte, brauchten wir jedoch auch keinen Kalender. Wir konnten es sehr leicht an der wachsenden Nervosität unserer Zweibeiner ablesen, dass unsere große Reise bald bevorstand. Jenny und Tim hatten plötzlich viel weniger Zeit für uns als sonst, weil sie ihre Sachen packen mussten, und die Familie mit anderen Dingen beschäftigt war, von denen ich nichts verstand. Menschenkram eben, für uns Pferde eher unwichtig und uninteressant. Allerdings waren wir auch nicht traurig darüber, jetzt mehr Freizeit zu haben, denn so konnten wir die letzten gemeinsamen Tage mit unseren Freunden auf der Weide genießen. Ich genoss die letzten Tage mit meiner großen Liebe Maddi so sehr, wie ich noch nie etwas in meinem Leben genossen hatte. Und – auch wenn Jenny und Tim wenig Zeit für uns hatten - sie fanden immer noch genug Zeit, um uns jeden Tag wenigstens kurz zu besuchen und uns ein paar Leckereien zu bringen. Den abendlichen Snack aus Möhren, Äpfeln und ab und zu auch mal einer Birne, Banane oder Rote Bete ließen sie nicht ein einziges Mal ausfallen.

Meinem Freund Fidel bereitete der Gedanke, von den anderen Pferden Abschied nehmen zu müssen, deutlich weniger Sorgen als mir. Er hatte keine Stute, in die er verliebt war, und war auch mit den anderen Pferden nicht ganz so fest befreundet wie ich. Sie hatten ihn ja gerne mal geärgert, weil er eben ab und zu doch noch ein Weichei war. Und wenn er nicht unter meinem persönlichen Schutz gestanden hätte, hätten sie ihn sicherlich noch mehr geärgert. Ich hatte ja gehofft, dass die anderen Pferde meiner Herde ihn nach seiner legendären Karate-Kapriole ein bisschen mehr respektieren würden, immerhin hatte er uns damit alle vor den Pferddieben und dem Schlachter gerettet. Doch die anderen Pferde wussten, dass er sich gegen sie nicht durchsetzen konnte. Sie konnten es einfach nicht lassen, ihn immer mal wieder zu ärgern oder wegzuscheuchen, wenn ich gerade mal nicht in seiner Nähe war. Obwohl sie Fidel im Grunde genommen alle sehr gerne mochten, konnten sie das einfach nicht lassen. Ja, auch Pferde können eben manchmal gemein zueinander sein. Darum störte es Fidel auch wenig, die Herde bald verlassen zu müssen.

Mir fiel es deutlich schwerer meine Herde, und vor allem meine Maddi zu verlassen. Aber jammern hätte ja auch nichts geholfen. Das war noch nie meine Art. Wenn ich auch meine Maddi vermissen würde, so wusste ich sie wenigstens in guten Händen – ähm, Pardon – in guten Hufen. Mein Kumpel Sunny, das Westernpferd, hatte schon lange ein Auge auf die hübsche Stute geworfen. Allerdings hätte er es niemals gewagt sich an sie heranzumachen, solange sie meine Freundin war. Jetzt aber, wo unser Umzug nach Kanada kurz bevorstand, sollte Sunny meine Herde übernehmen. Er hatte in der Rangordnung immer direkt hinter mir gestanden und war ein würdiger Nachfolger für meinen Chefposten. Abgesehen davon waren wir ja schon sehr lange wirklich gute Freunde und hatten alles genau besprochen. Sunny versprach mir, gut auf die Herde, und natürlich ganz besonders auf meine hübsche Lieblingsstute aufzupassen. Es war ein sehr, sehr glücklicher Zufall, dass Sunnys Besitzer Mike und Maddis Besitzerin Sandra sich inzwischen auch ineinander verliebt und beschlossen hatten, für immer zusammen zu bleiben. Vielleicht war es auch gar kein glücklicher Zufall, sondern eine sehr glückliche Fügung des Schicksals – ich weiß es nicht. Aber auf jeden Fall freute es mich sehr, denn Mike und Sandra wollten heiraten, und somit standen auch die Chancen sehr gut, dass Maddi und Sunny dauerhaft zusammenbleiben konnten. Das beruhigte mich sehr, denn ich wusste, dass auf Sunny Verlass war und er gut auf meine absolute Lieblingsstute aufpassen würde.

Solange ich noch da war, blieb mir Maddi allerdings treu, und Sunny hielt respektvollen Abstand von uns beiden Turteltauben. Das war sehr anständig, fand ich. Erst an dem Tag, an dem Fidel und ich auf den Pferdeanhänger geführt wurden, um die Reise Richtung Flughafen anzutreten, standen Maddi und Sunny dicht nebeneinander am Weidezaun, um uns zum Abschied noch einmal zuzuwiehern. Maddis lackschwarzes Fell glänzte in der Sonne, die Spitzen ihrer seidigen Mähne schimmerten wieder leicht rötlich und schienen im leichten Wind zu tanzen. Bei ihrem Anblick wurde mir warm uns Herz.

Sunny, der Falbe, schimmerte in der Sonne wie Gold, seine Mähne und sein Schweif waren so pechschwarz und glänzend wie Maddis Fell. Sie standen ganz dicht beieinander, der Rest der Herde hielt gebührenden Abstand. Sunny hatte die Herde schon gut im Griff, stellte ich erfreut fest. Ich seufzte. Maddi und Sunny waren wirklich ein wunderschönes Paar, das musste ich zugeben. Die hübsche Stute passte zu meinem Kumpel fast genau so gut wie zu mir – aber natürlich nur fast. Ich seufzte noch einmal und wünschte den Beiden alles Glück der Welt. Dann kletterte ich schnell in den Anhänger, um mir den Abschied nicht noch schwerer zu machen, als er ohnehin schon war.

„Ich werde dich nie vergessen!“, rief mir Maddi liebevoll zu. Ihre Stimme klang wie Musik in meinen Ohren. „Wir werden dich alle nie vergessen“, ergänzte Sunny schnell, „wir werden *euch beide* nie vergessen“. „Ja, ihr wart uns wirklich tolle Freunde“, riefen die anderen Herdenmitglieder uns noch zu, als sich die Verladerampe des Pferdeanhängers hinter uns schloss. Ich wieherte ihnen noch einmal zu, dann fuhr der Transporter los.

Während der Fahrt zum Flughafen herrschte eine gedrückte Stille im Anhänger. Fidel spürte, wie schwer mir die Trennung von Maddi fiel. Er wusste nicht so recht, was er sagen sollte. Ich spürte, er hätte mich gerne getröstet, aber er fand nicht die richtigen Worte. Dabei bedurfte es gar keiner Worte – es war mir Trost genug, ihn an meiner Seite zu wissen. Erst als der Lärm des Flughafens schon deutlich zu hören war, meldete sich Fidel ganz zaghaft zu Wort: „Ich bin froh, dass du bei mir bist, Ronny“. Und auch ich war froh bei ihm zu sein. Er war immerhin mein bester Freund. Maddi hatte Recht gehabt. Es war wirklich ein großes Glück und nur vielen Zufällen zu verdanken, dass Fidel und ich uns wiedergefunden hatten. Und ich war sehr froh, dass wir zusammenbleiben konnten. Wir mussten eigentlich sehr dankbar sein, denn das Schicksal hatte es wirklich gut mit uns gemeint. Ich sah ihn an ohne ein Wort zu sagen, und Fidel verstand. Dann öffnete sich die Klappe des Anhängers und wir durften aussteigen.

Auf dem Weg zu den Flugcontainern, in die wir nun verladen werden sollten, drängte sich Fidel eng an mich. Ich spürte, dass er Angst hatte, auch wenn er versuchte, sich nichts davon anmerken zu lassen. Mir konnte er nichts vormachen, er war eben doch immer noch ein Weichei! Auch wenn er zwischendurch manchmal so stark schien, dass man es glatt vergessen konnte – ab und zu kam das Weichei eben doch immer mal wieder durch.

Ein Tierarzt kam. Er begutachtete uns, prüfte noch einmal, ob unser Tierarzt die Reisepapiere auch richtig ausgefüllt hatte, und ob wir auch wirklich die Pferde waren, die auf dem Papier standen. Zweibeiner sind ja so komplizierte Wesen! Er blätterte in Unmengen von Papier hin und her, schaute uns an, schaute wieder auf seine Papiere. Es dauerte und dauerte, meine Ungeduld wuchs und wuchs. Dann lief er wieder mit den Papieren weg, stellte unseren Besitzern noch Fragen, kam wieder zurück. Was war denn hier los? Wollte man uns etwa nicht mitfliegen lassen? Fidel wurde nervös, ich wurde ärgerlich. Warum mussten diese Zweibeiner bloß immer alles so kompliziert machen? Wir wollten doch nur mit unserer Familie nach Kanada fliegen. Was gab es da so lange im Papier zu wühlen? Ob irgendetwas nicht stimmte? Ob einer von uns hierbleiben musste? Allmählich wurde auch ich ein wenig nervös, aber ich ließ mir davon nichts anmerken. Schließlich wollte ich Fidel nicht noch mehr verunsichern. Der arme Kerl war schon zappelig genug. Er versuchte zwar tapfer zu sein und sich auch nichts anmerken zu lassen, aber mich konnte er nicht täuschen. Es schien eine kleine Ewigkeit zu vergehen und die Anspannung wuchs immer mehr. Auch unsere Zweibeiner waren sehr, sehr aufgeregt. So aufgedreht waren sie nicht einmal, als Jenny damals zum allerersten Mal mit mir auf einem Turnier gestartet war. Und da waren sie schon nervöser, als ich es je bei Zweibeinern erlebt hatte! Warum um alles in der Welt dauerte das denn hier bloß so lange?

Der Tierarzt lief noch einmal um uns herum, schaute immer wieder abwechselnd auf seine Liste und auf uns. Er machte Häkchen in seine Liste und drückte Stempel drauf. Nach einer gefühlten Ewigkeit sagte er dann endlich: „OK, die Pferde können verladen werden.“ Welch eine Erlösung! Ich konnte deutlich fühlen, wie die Anspannung von unseren Zweibeinern abfiel. Meine ärgerliche Anspannung wandelte sich schlagartig in eine freudige Anspannung. Ich freute mich riesig auf das große Abenteuer und konnte es kaum erwarten, endlich fliegen zu lernen.

Eine sehr nette Frau kam auf uns zu und stellte sich unseren Zweibeinern als unsere Flugbegleiterin vor. „Ich werde ihre Pferde während des Fluges betreuen“, erklärte sie freundlich, „machen sie sich keine Sorgen, wir fliegen täglich Pferde“. Die nette Flugbegleiterin wirkte sehr gelassen und routiniert. Ich spürte sofort, dass sie sich sehr gut mit Pferden auskannte und wahrscheinlich auch schon sehr vielen Pferden das Fliegen beigebracht hatte. Ich war so gespannt auf dieses große Abenteuer!

Auf dem Weg zu den Flugcontainern, in die wir nun verladen werden sollten, zögerte Fidel plötzlich.
„Hast du Angst?“, fragte ich meinen Freund.

„Ach Ronny“, seufzte Fidel, „wovor sollte ich Angst haben? Was soll uns denn schon passieren? Ich habe dich an meiner Seite. Dich, den großen Geronimo, der schon im zarten Alter von 20 Tagen das gefährliche Knistermonster besiegt hat! Und nicht nur das, auch das fürchterliche Karomonster hast du in die Flucht geschlagen!“ Er kicherte.

„Ja, und du kannst Karate“, gab ich lachend zurück, „wir beide brauchen uns nun wirklich keine Sorgen zu machen!“ Dann marschierten wir frohen Mutes in die Transportbox und freuten uns auf die Dinge, die wir in Zukunft noch gemeinsam erleben würden.

Zum Schluss noch ein Dank
und eine große Bitte an euch:

Ich danke euch dafür, dass ihr bis meine Geschichten gelesen habt. Das zeigt mir, dass ihr euch für uns Pferde interessiert, und gibt mir Hoffnung.

Auch wenn ihr nicht hören könnt, was wir Pferde sagen, so könnt ihr doch sehr viel über uns erfahren, indem ihr uns aufmerksam beobachtet und euch Gedanken darüber macht, wie es uns geht.

Indem ihr möglichst viel über uns lernt, und versucht uns zu verstehen, könnt ihr dazu beitragen, unser Leben besser zu machen. So viele Pferde leiden aus Gedankenlosigkeit ihrer Besitzer, oder werden aufgrund von Missverständnissen unfair behandelt.

Wir verlangen von niemandem, dass er als perfekter Reiter oder allwissender Pferdebesitzer geboren wird.

Aber wir wünschen uns, einfach fair behandelt zu werden. Wir Pferde sind euch Menschen ausgeliefert. Und es liegt in eurer Hand, unsere Welt Stück für Stück ein bisschen besser zu machen.

Schon für den Versuch sind wir euch sehr, sehr dankbar.

Vielen Dank
euer Ronny !

Die Autorin

Lydia Albersmann wurde am 12. März 1968 in Köln geboren. Seit frühester Kindheit hat sie jede Minute ihrer Freizeit mit Pferden verbracht. Und weil ihr das noch nicht ausreichte, beschloss sie ihr Hobby zum Beruf zu machen, und arbeitete sieben Jahre hauptberuflich als Pferdepflegerin. Nach erfolgreichem Abschluss eines Grafikdesign-Studiums ist sie seit Februar 2004 als freie Illustratorin und Schriftstellerin tätig. Die Pferde sind weiterhin ihre große Leidenschaft.

Auch von Lydia Albersmann:

Floppy – der Hund vom anderen Stern

Eine etwas andere Hundegeschichte …

Die Bewohner des Planeten Flups sind friedliche Wesen, die uns Erdenbewohnern nicht in die Quere kommen wollen. Unsere zunehmende Weltraumforschung beunruhigt sie jedoch, und so beschließen sie, einen ihrer besten Wissenschaftler für ein Jahr auf die Erde zu schicken. Er soll herausfinden, ob wir Menschen möglicherweise eine Bedrohung für die liebenswerten Außerirdischen darstellen. Eine Tarnung als Hund scheint auf den ersten Blick perfekt, aber es stellt sich bald heraus, dass diese Tarnung durchaus ihre Tücken birgt. Und so hat der kleine Außerirdische einige spannende Abenteuer zu bestehen ...

Auch wenn es eigentlich um einen kleinen Außerirdischen geht, so sind die Grenzen zu einer Hundegeschichte doch fließend, denn er lebt für ein Jahr als Hund getarnt unter Menschen und Hunden. So muss er nicht nur darauf achten, dass er unerkannt bleibt, sondern hat auch mit den Problemen zu kämpfen, denen auch irdische Hunde oft gegenüber stehen. Und als Hund hat man es im Leben nicht immer leicht, wie die Geschichte zeigt ...

Geronimo – mit den Augen eines Pferdes

Ein Pferd erzählt vom Tag seiner Geburt an, wie es die Welt entdeckt. Mit seinen Abenteuern, und den manchmal etwas verrückt scheinenden Ideen „seiner“ Menschen bringt es die Leser zum Lachen, zum Schmunzeln, und vielleicht auch manchmal ein bisschen zum Nachdenken.

Geronimo nimmt den Leser mit auf eine Reise durch verschiedene Reitweisen und Arten der Pferdehaltung, wobei er es sich nicht nehmen lässt, diese auf amüsante Weise zu kommentieren. Ob Spring-, Dressur-, Western-, oder Wanderreiten - Geronimo kennt sich mit allem aus, was die Menschen so mit Pferden anstellen. Einiges kennt er aus eigener Erfahrung, Anderes durch den Erfahrungsaustausch mit seinen vierbeinigen Kollegen. Dabei wird keine der einzelnen Reitweisen in ein schlechtes Licht gerückt oder gar verurteilt, aber jede Einzelne aus der Sicht des erzählenden Pferdes humorvoll auf die Schippe genommen. Und am Ende der Geschichte steht eine weise Erkenntnis ...

Pressestimmen zu „Geronimo – mit den Augen eines Pferdes“:

„ ... Dies ist ein Buch für Jung und Alt, für Reiter und Nichtreiter. Es regt zum Schmunzeln und zum Nachdenken an.“

Freizeit im Sattel; Fachzeitschrift rund ums Reiten

„ ... Die Autorin versteht es glänzend sich in dieses Pferd hinein zu versetzten und schafft es, viele der von Geronimo erlebten Situationen aus der Sicht des Pferdes zu kommentieren.“

Die Pferderegion; Deutschlands größte regionale Pferdezeitung

„ ... Ob erfahrener Reiter, oder einfach nur Tierfreund – an Geronimos Geschichten wird sich jeder erfreuen.“

PFERDEMARKT; Fachblatt für Pferdefreunde

Geplant sind noch viele weitere Bücher, in denen natürlich vorrangig wieder Pferde, Ponys, Hunde und Katzen die Hauptrollen spielen sollen.

Mehr Infos zu der Autorin und ihren Büchern, sowie zu den geplanten Buchprojekten gibt es im Internet unter:

www.lydia-albersmann.de

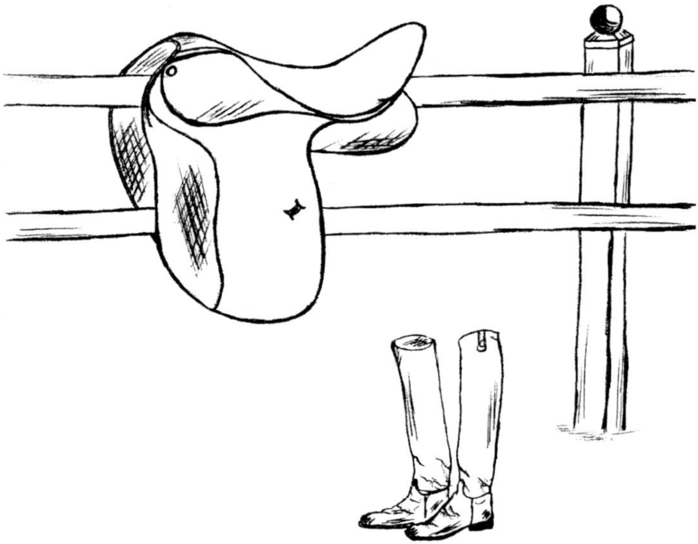